Ovid
Gedichte aus der Verbannung

P. Ovidius Naso

Gedichte aus der Verbannung

Eine Auswahl aus *Tristia*
und *Epistulae ex Ponto*

Lateinisch / Deutsch

Übersetzt von Wilhelm Willige

Herausgegeben, erläutert
und mit einem Nachwort
von Niklas Holzberg

Philipp Reclam jun. Stuttgart

Universal-Bibliothek Nr. 18151
Alle Rechte vorbehalten
Lizenzausgabe mit Genehmigung der Verlage
Patmos und Artemis & Winkler,
Düsseldorf und Zürich
© 1995 Patmos Verlag GmbH & Co KG
Artemis & Winkler Verlag, Düsseldorf und Zürich
Erste Auflage dieser Ausgabe 2001
Gesamtherstellung: Reclam, Ditzingen. Printed in Germany 2001
RECLAM und UNIVERSAL-BIBLIOTHEK sind eingetragene Marken
der Philipp Reclam jun. GmbH & Co., Stuttgart
ISBN 3-15-018151-8

www.reclam.de

Aus

Tristia
Lieder der Trauer

Cum subit illius tristissima noctis imago,
    qua mihi supremum tempus in urbe fuit,
cum repeto noctem, qua tot mihi cara reliqui,
    labitur ex oculis nunc quoque gutta meis.
iam prope lux aderat, qua me discedere Caesar   5
    finibus extremae iusserat Ausoniae.
nec spatium fuerat nec mens satis apta parandi:
    torpuerant longa pectora nostra mora.
non mihi servorum, comites non cura legendi,
    non aptae profugo vestis opisve fuit.   10
non aliter stupui, quam qui Iovis ignibus ictus
    vivit et est vitae nescius ipse suae.
ut tamen hanc animi nubem dolor ipse removit,
    et tandem sensus convaluere mei,
adloquor extremum maestos abiturus amicos,   15
    qui modo de multis unus et alter erant.
uxor amans flentem flens acrius ipsa tenebat,
    imbre per indignas usque cadente genas.
nata procul Libycis aberat diversa sub oris,
    nec poterat fati certior esse mei.   20

Tritt das Bild jener schrecklichen Nacht mir wieder vor
Augen,
  welche für mich in der Stadt blieb als die späteste Frist,
denk' ich wieder der Nacht, da ich soviel Teures verlassen,
  dringen die Tränen mir jetzt noch aus den Augen
hervor.
Schon war gekommen der Tag, da mir der Wille des
Kaisers   5
  Abschied zu nehmen befahl von dem italischen Strand.
Weder hatt' ich Besinnung noch Ruhe, genug mich zu
rüsten;
  war doch der Geist mir erstarrt während des langen
Verzugs.
Nicht mir Diener und nicht mir Begleiter zu wählen
bedacht' ich,
  nicht das Geld und das Kleid, wie ein Verbannter sie
braucht,   10
war nicht anders betäubt als wer, vom Blitze getroffen,
  lebt und ist sich doch selbst nicht seines Lebens bewußt.
Doch als gerade der Schmerz diese Trübung des Geistes
entfernte,
  als meine Sinne zuletzt endlich sich wieder erholt,
sagt' ich ein Abschiedswort, ein letztes, den trauernden
Freunden: 15
  hielt von den vielen doch nur dieser und jener zu mir.
Liebend umfing die Gattin den Weinenden, heftiger
weinend:
  über ihr schuldlos Gesicht strömten die Tränen hinab.
Weit war die Tochter entfernt am entlegenen libyschen
Strande,
  konnte von meinem Geschick noch unterrichtet nicht
sein.   20

quocumque aspiceres, luctus gemitusque sonabant,
  formaque non taciti funeris intus erat.
femina virque meo, pueri quoque funere maerent,
  inque domo lacrimas angulus omnis habet.
si licet exemplis in parvo grandibus uti,   25
  haec facies Troiae, cum caperetur, erat.
iamque quiescebant voces hominumque canumque
  Lunaque nocturnos alta regebat equos.
hanc ego suspiciens et ab hac Capitolia cernens,
  quae nostro frustra iuncta fuere Lari,   30
'numina vicinis habitantia sedibus', inquam,
  'iamque oculis numquam templa videnda meis,
dique relinquendi, quos urbs habet alta Quirini,
  este salutati tempus in omne mihi.
et quamquam sero clipeum post vulnera sumo,   35
  attamen hanc odiis exonerate fugam,
caelestique viro, quis me deceperit error,
  dicite, pro culpa ne scelus esse putet,
ut quod vos scitis, poenae quoque sentiat auctor.
  placato possum non miser esse deo.'   40

Rings, wohin man auch blickte, war Trauer und Jammer
zu hören;
  Totenklage, so schien's, schallte im Inneren laut;
Männer und Frauen, ja Sklaven betrauern mich wie
einen Toten:
  da ist kein Winkel im Haus, wo man nicht Tränen
vergießt.
Wenn es erlaubt ist, im kleinen zu nennen solch
mächtiges Beispiel,   25
  sah es wie Trojas Bild bei der Eroberung aus.
Endlich ruhte das Reden der Menschen, das Bellen der
Hunde;
  schon hoch oben der Mond lenkte sein nächtlich
Gespann.
Als ich ihn sah und von ihm meinen Blick hin wandte
zur Hochburg –
  lag sie doch unserem Haus leider vergebens so nah –,   30
sagt' ich: »Gottheiten ihr, die ihr rings in der Nachbarschaft
waltet,
  Tempel, die ich schon bald nimmer mit Augen soll
schaun,
Götter, von denen ich scheide, umhegt von der Burg des
Quirinus
  droben – für alle Zeit seid mir in Ehrfurcht gegrüßt!
Und wiewohl ich den Schild zu spät, schon verwundet,
ergreife,   35
  macht den Verbannten doch frei von des Gewaltigen
Haß!
Sagt dem göttlichen Mann, welcher Wahn mich
verblendete, zeigt ihm
  so meine Schuld, daß sie ihm nicht als Verbrechen
erscheint,
daß, was ihr wißt, auch er, der die Strafe verhängt hat,
erkenne:
  habe den Gott ich versöhnt, kann ich unselig nicht
sein.«   40

hac prece adoravi superos ego, pluribus uxor,
  singultu medios impediente sonos.
illa etiam ante Lares passis adstrata capillis
  contigit extinctos ore tremente focos,
multaque in adversos effudit verba Penates   45
  pro deplorato non valitura viro.
iamque morae spatium nox praecipitata negabat,
  versaque ab axe suo Parrhasis Arctos erat.
quid facerem? blando patriae retinebar amore,
  ultima sed iussae nox erat illa fugae.   50
a! quotiens aliquo dixi properante 'quid urges?
  vel quo festinas ire, vel unde, vide.'
a! quotiens certam me sum mentitus habere
  horam, propositae quae foret apta viae.
ter limen tetigi, ter sum revocatus, et ipse   55
  indulgens animo pes mihi tardus erat.
saepe 'vale' dicto rursus sum multa locutus,
  et quasi discedens oscula summa dedi.
saepe eadem mandata dedi meque ipse fefelli,
  respiciens oculis pignora cara meis.   60
denique 'quid propero? Scythia est, quo mittimur', inquam,
  'Roma relinquenda est, utraque iusta mora.
uxor in aeternum vivo mihi viva negatur,
  et domus et fidae dulcia membra domus,

So zu den Himmlischen betet' ich selbst und mehr noch
                              die Gattin:
  Schluchzen hemmte sie oft mitten im flehenden Ruf.
Auch vor den Laren dann warf sie sich nieder mit
                              wehenden Haaren,
  rührte mit zitterndem Mund an den erloschenen Herd,
redete Worte gar viel zu den feindlich gesinnten
                              Penaten,   45
  richtete doch für den Mann, den sie beweinte, nichts aus.
Und schon versagte die eilende Nacht ein weiteres Zögern,
  und der parrhasische Bär hatte den Pol schon umkreist.
Was sollt' ich tun? Die zärtliche Liebe zum Vaterland
                              hielt mich;
  doch nur die einzige Nacht ließ der Verbannungsbefehl.
Ah, wie vielmals sagt' ich, wenn jemand mich mahnte:
                              »Was drängst du?   51
  Sieh doch, wohin du zu gehn treibst und von wo du
                              mich jagst!«
Ah, wie vielmals hab' ich gelogen, bestimmt sei die Stunde,
  die zur gebotenen Fahrt mir als geeignet erschien!
Dreimal betrat ich die Schwelle, und dreimal ließ ich
                              mich rufen,   55
  und meinem Herzenstrieb folgte der zaudernde Fuß.
Oftmals sagt' ich Lebwohl und redete wiederum vieles,
  und einen letzten Kuß gab ich, als wollt' ich nun gehn.
Oft wiederholt' ich den nämlichen Auftrag, ohn' es zu
                              merken,
  wandte noch einmal den Blick zu den Geliebten zurück.
Schließlich sagt' ich: »Was eil' ich? Nach Skythien soll
                              ich ja gehen,   61
  scheiden von Rom: das sind zwei Gründe, um noch
                              zu verziehn.
Mir, der doch lebt, wird für ewig die lebende Gattin
                              entrissen,
  mir wird versagt auch das Haus und was es Holdes
                              mir birgt,

quosque ego dilexi fraterno more sodales,   65
  o mihi Thesea pectora iuncta fide!
dum licet, amplectar: numquam fortasse licebit
  amplius. in lucro est quae datur hora mihi.'
nec mora, sermonis verba inperfecta relinquo,
  complectens animo proxima quaeque meo.   70
dum loquor et flemus, caelo nitidissimus alto,
  stella gravis nobis, Lucifer ortus erat.
dividor haud aliter, quam si mea membra relinquam,
  et pars abrumpi corpore suo est.
sic doluit Mettus tunc cum in contraria versos   75
  ultores habuit proditionis equos.
tum vero exoritur clamor gemitusque meorum,
  et feriunt maestae pectora nuda manus.
tum vero coniunx umeris abeuntis inhaerens
  miscuit haec lacrimis tristia verba meis: 80
'non potes avelli. simul hinc, simul ibimus', inquit,
  'te sequar et coniunx exulis exul ero.
et mihi facta via est, et me capit ultima tellus:
  accedam profugae sarcina parva rati.
te iubet e patria discedere Caesaris ira,   85
  me pietas. pietas haec mihi Caesar erit.'

sie auch, die ich geliebt wie ein Bruder, meine
Gefährten, 65
Herzen, die treu mir vereint blieben wie Theseus dem
Freund!
Jetzt, da ich darf, will ich noch sie umarmen: denn
fürderhin darf ich's
niemals vielleicht; so dient mir diese Frist zum Gewinn.«
Rasch nun! Ich unterbreche, was noch ich zu sagen
gedachte,
alles umfangend im Geist, was meinem Herzen
vertraut. 70
Während ich sprach und wir weinten, da stieg zu der
Höhe des Himmels
strahlend der Morgenstern, unheilverkündend für uns.
Ganz so ist meine Trennung, als ließe ich eigene Glieder,
ja, ein Teil meines Leibs löst sich, so scheint's, von mir ab.
Mettus hat solches erduldet, als einst nach verschiedenen
Seiten 75
Pferde zur Züchtigung ihn rissen für seinen Verrat.
Vollends brechen die Meinigen aus in Schreien und
Jammern,
schlagen mit trauernder Hand sich an die nackende
Brust;
vollends hängte die Frau sich nun an des Scheidenden
Schultern,
während ich Tränen vergoß, sprach sie die Worte zu
mir: 80
»Trennen kann man uns nicht: laß zusammen von hinnen
uns gehen!
Dir will ich folgen: verbannt sei ich mit dir als dein Weib!
Auch für mich ist ein Weg gebahnt, ist Raum in der
Fremde,
und in das Flüchtlingsschiff steig' ich als winzige Last.
Dich heißt zürnend der Kaiser die Heimaterde
verlassen, 85
mich die Liebe: so wird Liebe ein Kaiser mir sein.«

talia temptabat, sicut temptaverat ante,
　　vixque dedit victas utilitate manus.
egredior, sive illud erat sine funere ferri,
　　squalidus inmissis hirta per ora comis.　　　　　90
illa dolore amens tenebris narratur obortis
　　semianimis media procubuisse domo,
utque resurrexit foedatis pulvere turpi
　　crinibus et gelida membra levavit humo,
se modo, desertos modo complorasse Penates,　　95
　　nomen et erepti saepe vocasse viri,
nec gemuisse minus, quam si nataeque virique
　　vidisset structos corpus habere rogos,
et voluisse mori, moriendo ponere sensus,
　　respectuque tamen non periisse mei.　　　　　100
vivat, et absentem, quoniam sic fata tulerunt,
　　vivat ut auxilio sublevet usque suo.

I 5

O mihi post ullos numquam memorande sodales,
　　et cui praecipue sors mea visa sua est,
attonitum qui me, memini, carissime, primus
　　ausus es adloquio sustinuisse tuo,
qui mihi consilium vivendi mite dedisti,　　　　　5
　　cum foret in misero pectore mortis amor,
scis bene, cui dicam, positis pro nomine signis,
　　officium nec te fallit, amice, tuum.

Solches versuchte sie jetzt, wie sie es zuvor schon versuchte:
  schwer nur fügte sie sich dem, was der Nutzen gebot.
Ging ich? Ach nein, man trug hinweg mich gleich
                          einem Leichnam,
  struppig, das Haar im Gesicht, und mein Gewand
                         war beschmutzt.   90
Sie war von Sinnen vor Schmerz, erzählt man, und
                     plötzlich umnachtet,
  sank sie mitten im Haus nieder und war wie entseelt.
Als sie dann zu sich gekommen und weint von den
                    frostigen Fliesen
  aufgerichtet, das Haar schmutzig, vom Staube entstellt,
hat sie sich selber beweint und beweint die verwaiste
                    Behausung,   95
  ihres entrissenen Manns Namen gerufen im Leid,
hat dann gejammert, als sähe sie Scheiterhaufen errichtet,
  müsse der Tochter, des Manns Leichenverbrennungen
                    sehn;
sterben wollte sie da, von nichts mehr wissen im Tode:
  nur der Gedanke an mich hielt sie im Leben zurück.   100
Lebe sie für den Entfernten, da so das Schicksal es fügte!
  Lebe sie, daß sie ihm stets tröstliche Hilfe gewährt!

15

Du, den ich allzeit mehr als alle Gefährten muß rühmen,
  dem wie keinem mein Los immer als seines erschien,
Teuerster, der mir vom Blitze Getroffnen als erster, ich
                   weiß es,
  beizustehen gewagt, helfenden Zuspruch gewährt,
du, der gütig den Rat mir gegeben hat, weiterzuleben,   5
  als in der elenden Brust Todesverlangen erwacht –
setze ich Zeichen statt Namen, so weißt du doch gut,
                   wen ich meine,
  und du erkennst es ja wohl, was du mir Gutes getan.

haec mihi semper erunt imis infixa medullis,
  perpetuusque animae debitor huius ero,   10
spiritus in vacuas prius hic evanidus auras
  ibit, et in tepido deseret ossa rogo,
quam subeant animo meritorum oblivia nostro,
  et longa pietas excidat ista die.
di tibi sint faciles, et opis nullius egentem   15
  fortunam praestent dissimilemque meae.
si tamen haec navis vento ferretur amico,
  ignoraretur forsitan ista fides.
Thesea Pirithous non tam sensisset amicum,
  si non infernas vivus adisset aquas.   20
ut foret exemplum veri Phoceus amoris,
  fecerunt furiae, tristis Oresta, tuae.
si non Euryalus Rutulos cecidisset in hostes,
  Hyrtacidae Nisi gloria nulla foret.
scilicet ut fulvum spectatur in ignibus aurum,   25
  tempore sic duro est inspicienda fides.
dum iuvat et vultu ridet Fortuna sereno,
  indelibatas cuncta sequuntur opes:
at simul intonuit, fugiunt, nec noscitur ulli,
  agminibus comitum qui modo cinctus erat.   30
atque haec, exemplis quondam collecta priorum,
  nunc mihi sunt propriis cognita vera malis.

Bis in das innerste Mark bin ich davon durchdrungen
                für immer,
    daß ich mein Leben nur dir schulde für ewige Zeit.   10
Eher noch wird dieser Geist in die leeren Lüfte verwehen,
    wird, wenn der Holzstoß flammt, weichen aus
                meinem Gebein,
eh die Erinnerung je mich verläßt an solche Verdienste
    oder, und sei es auch spät, mir diese Güte entfällt.
Seien die Götter dir gnädig! Es mögen die Götter ein
                Glück dir   15
    schenken, dem nichts gebricht, das nicht dem
                meinigen gleicht!
Würde dagegen mein Schiff von freundlichen Winden
                getragen,
    würde der Welt vielleicht nie diese Treue bekannt:
Theseus' Freundschaft könnte Pirithous so nicht
                empfinden,
    käm' er nicht lebend mit ihm bis zu der Unteren
                Strom;   20
daß zu dem Vorbild wahrhafter Liebe dein Phokier wurde,
    deine Furien nur wirkten es, düstrer Orest;
wäre Euryalus gegen die Rutuler einst nicht gefallen,
    wäre des Nisus Ruhm, des Hyrtaciden, ein Nichts.
Ja, wie man Goldes Glanz erst sieht, wenn's im Feuer
                gebrannt ist,   25
    so wird die Treue erst ganz sichtbar, wenn Schicksal
                uns schlägt.
Während das Glück uns fördert, uns lächelt mit heiterer
                Miene,
    schließt sich alles uns an, weil unser Wohlstand erblüht.
Aber sobald es uns grollt, ist es aus, und keiner mehr
                kennt uns,
    wo uns noch eben die Schar eifernder Freunde
                umgab.   30
All dies, was mir dereinst das Beispiel der Alten gezeigt hat,
    wurde durch eigenes Leid jetzt mir als Wahrheit bekannt.

vix duo tresve mihi de tot superestis amici,
    cetera Fortunae, non mea turba fuit.
quo magis, o pauci, rebus succurrite laesis,   35
    et date naufragio litora tuta meo,
neve metu falso nimium trepidate, timentes,
    hac offendatur ne pietate deus!
saepe fidem adversis etiam laudavit in armis,
    inque suis amat hanc Caesar, in hoste probat.   40
causa mea est melior, qui non contraria fovi
    arma, sed hanc merui simplicitate fugam.
invigiles igitur nostris pro casibus, oro,
    deminui siqua numinis ira potest.
scire meos casus siquis desiderat omnes,   45
    plus, quam quod fieri res sinit, ille petit.
tot mala sum passus, quot in aethere sidera lucent
    parvaque quot siccus corpora pulvis habet;
multaque credibili tulimus maiora, ratamque,
    quamvis acciderint, non habitura fidem.   50
pars etiam quaedam mecum moriatur oportet,
    meque velim possit dissimulare tegi.
si vox infragilis, pectus mihi firmius aere,
    pluraque cum linguis pluribus ora forent,
non tamen idcirco complecterer omnia verbis,   55
    materia vires exsuperante meas.

Zwei oder drei kaum seid ihr von soviel Freunden
                    geblieben:
  nur meinem Glück, nicht mir waren die übrigen treu.
Um soviel mehr, ihr wenigen, eilt mir im Unglück zu
                    Hilfe!   35
  Seid in des Schiffbruchs Not mir der gesicherte Strand!
Laßt euch auch nicht zu sehr von grundlosen Sorgen
                    beirren,
  daß eure Treue zu mir kränke den zürnenden Gott!
Oft hat der Kaiser die Treue bei widrigem Kriegsglück
                    gepriesen,
  liebt bei den Seinigen sie, billigt sie auch bei dem
                    Feind.   40
Meine Sache ist besser, da ich ja nicht feindliche Waffen
  führte, durch Torheit nur diese Verbannung verdient.
Sei also, bitt' ich dich, wachsam für mich und meine
                    Geschicke,
  ob sich der Gottheit Zorn irgend besänftigen läßt!
Wünschte sich jemand, von all meinen Schicksalsschlägen
                    zu wissen –   45
  mehr, als die Sache erlaubt, forderte dieser von mir.
Soviel Übel erlitt ich, wie Sterne am Himmel erstrahlen
  oder wie Körnchen der Sand zählt am Gestade des Meers.
Vieles hab' ich ertragen, das schlimmer als glaublich
                    und das doch,
  was auch geschehn sein mag, niemandem möglich
                    erscheint.   50
Auch muß manches davon mit mir im Grabe versinken:
  wenn ich's verschweige, so bleibt's hoffentlich immer
                    verhüllt.
Wär' meine Stimme auch stark, meine Brust noch fester
                    als Eisen,
  wäre mir vielfacher Mund, vielfache Zunge geschenkt,
würd' ich mich doch nicht bemühn, dies alles in Worte
                    zu fassen: 55
  reichten die Kräfte doch nie aus, zu erzählen mein Leid.

pro duce Neritio docti mala nostra poetae
    scribite: Neritio nam mala plura tuli.
ille brevi spatio multis erravit in annis
    inter Dulichias Iliacasque domos: 60
nos freta sideribus totis distantia mensos
    detulit in Geticos Caesaris ira sinus.
ille habuit fidamque manum sociosque fideles:
    me profugum comites deseruere mei.
ille suam laetus patriam victorque petebat: 65
    a patria fugi victus et exul ego.
nec mihi Dulichium domus est Ithaceve Samosve,
    poena quibus non est grandis abesse locis,
sed quae de septem totum circumspicit orbem
    montibus, imperii Roma deumque locus.   70
illi corpus erat durum patiensque laborum:
    invalidae vires ingenuaeque mihi.
ille erat adsidue saevis agitatus in armis:
    adsuetus studiis mollibus ipse fui.
me deus oppressit, nullo mala nostra levante: 75
    bellatrix illi diva ferebat opem.
cumque minor Iove sit tumidis qui regnat in undis,
    illum Neptuni, me Iovis ira premit.
adde, quod illius pars maxima ficta laborum:
    ponitur in nostris fabula nulla malis.   80

Statt von Odysseus schreibt von meinem Erdulden,
                                   gelehrte
  Dichter: ich duldete weit mehr, als Odysseus erlitt.
Klein ist der Raum, den jener in vielen Jahren durchirrte
  zwischen Dulichiums Strand und der trojanischen
                                   Stadt: 60
ganzen Gestirnen vorüber durchmaß ich entlegene Meere,
  mich hat des Kaisers Zorn bis zu den Geten verbracht.
Jener hatte die treue Gefolgschaft, treue Gefährten:
  mich, den Verbannten, jedoch ließen die Freunde im
                                   Stich.
Jener suchte mit Freuden als Sieger das Land seiner
                                   Heimat: 65
  ich – aus der Heimat hinweg floh ich, besiegt und
                                   verbannt.
Nicht in Dulichium, Samos noch Ithaka bin ich zu Hause:
  ferne von ihnen zu sein – klein wär’ die Strafe für mich,
sondern in ihr, der Stadt, die von sieben Hügeln
                                   umherschaut
  auf eine Welt, als des Reichs Sitz und der Gottheiten,
                                   Rom.   70
Jener war kräftigen Leibes und all seinen Mühen
                                   gewachsen:
  meine Kräfte sind schwach, wenig zu leisten imstand.
Jener ward ständig umhergetrieben in wütenden Kämpfen,
  ich bin nur in der Kunst zarter Bemühung geübt.
Mich hat ein Gott geschlagen, und keiner erleichtert
                                   mein Leid mir: 75
  Hilfe hat ihm in der Not streitbar die Göttin gebracht.
Schwächer als Juppiter ist der Herr der schwellenden
                                   Fluten:
  jenen verfolgte Neptuns, mich aber Juppiters Zorn.
Seine Beschwerden sind schließlich zum größten Teil
                                   nur erfunden;
  keinerlei Märchen jedoch ist bei dem Leid, das mich
                                   traf.   80

denique quaesitos tetigit tamen ille Penates,
    quaeque diu petiit, contigit arva tamen:
at mihi perpetuo patria tellure carendum est,
    ni fuerit laesi mollior ira dei.

II

Quid mihi vobiscum est, infelix cura, libelli,
    ingenio perii qui miser ipse meo?
cur modo damnatas repeto, mea crimina, Musas?
    an semel est poenam commeruisse parum?
carmina fecerunt, ut me cognoscere vellet   5
    omine non fausto femina virque meo:
carmina fecerunt, ut me moresque notaret
    iam pridem emissa Caesar ab Arte mea.
deme mihi studium, vitae quoque crimina demes;
    acceptum refero versibus esse nocens.   10
hoc pretium curae vigilatorumque laborum
    cepimus: ingenio est poena reperta meo.
si saperem, doctas odissem iure sorores,
    numina cultori perniciosa suo.
at nunc – tanta meo comes est insania morbo –   15
    saxa malum refero rursus ad icta pedem:
scilicet ut victus repetit gladiator harenam,
    et redit in tumidas naufraga puppis aquas.

Endlich aber hat er die ersehnte Heimat betreten,
   Fluren, die lang er gesucht, hat er doch endlich erreicht:
ich aber muß für immer die heimische Erde entbehren,
   wenn der beleidigte Gott nicht seinem Zorne entsagt.

II

Was noch soll ich mit euch, unselige Werke, ihr Büchlein,
   der ich im Elend verging nur durch mein eignes Talent?
Ach, was ruf' ich euch noch, meine Frevel, ihr Musen,
                 verfemte?
   Ist es zu wenig, daß schon einmal ich Strafe verdient?
Dichtungen haben bewirkt, daß Frauen und Männer
                   mich wünschten   5
   kennenzulernen, und das war nur ein Unglück für mich.
Dichtungen haben bewirkt, daß der Kaiser mich, mein
                   Gebaren
   tadelte wegen der »Kunst«, die doch seit langem
                   bekannt.
Nimm mir mein Schaffen, so nimmst du aus meinem
                   Leben die Fehler:
   Versen verdank' ich es ja, daß ich mit Schuld mich
                   belud.   10
Dies empfing ich zum Lohn für all meine Arbeit, mein
                   nimmer
   müdes Bemühn: mein Talent brachte Bestrafung mir ein.
Wär' ich nun klug, ich haßte mit Recht die kunstreichen
                   Schwestern,
   Gottheiten, die mit Verderb ihren Verehrer bedrohn;
jetzt aber – so sehr ist meine Krankheit vom Wahnsinn
                   begleitet! –   15
   heb' ich den leidigen Fuß neu zu dem Stein, der ihn stieß,
ganz wie der Fechter, besiegt, zum Kampf auf dem
                   Sande zurückkehrt,
   wie das gestrandete Schiff kehrt in die schwellende Flut,

forsitan ut quondam Teuthrantia regna tenenti,
　　sic mihi res eadem vulnus opemque feret,　　　　　　　　　20
Musaque, quam movit, motam quoque leniet iram;
　　exorant magnos carmina saepe deos.
ipse quoque Ausonias Caesar matresque nurusque
　　carmina turrigerae dicere iussit Opi.
iusserat et Phoebo dici, quo tempore ludos　　　　　　　　25
　　fecit, quos aetas aspicit una semel.
his precor exemplis tua nunc, mitissime Caesar,
　　fiat ab ingenio mollior ira meo.
illa quidem iusta est, nec me meruisse negabo –
　　non adeo nostro fugit ab ore pudor –　　　　　　　　　30
sed nisi peccassem, quid tu concedere posses?
　　materiam veniae sors tibi nostra dedit.
si, quotiens peccant homines, sua fulmina mittat
　　Iuppiter, exiguo tempore inermis erit;
nunc ubi detonuit strepituque exterruit orbem,　　　　　35
　　purum discussis aëra reddit aquis.
iure igitur genitorque deum rectorque vocatur,
　　iure capax mundus nil Iove maius habet.
tu quoque, cum patriae rector dicare paterque,
　　utere more dei nomen habentis idem.　　　　　　　　　40
idque facis, nec te quisquam moderatius umquam
　　imperii potuit frena tenere sui.

daß mir vielleicht wie jenem, der einst in Mysien herrschte,
  sich aus dem nämlichen Tun Wunde und Heilung
                                        ergibt   20
und, die den Zorn erregte, die Muse auch stillt den
                                Erregten:
  haben Gesänge doch oft mächtige Götter versöhnt.
Selber befahl auch der Kaiser italischen Frauen und
                                Müttern,
  Lieder zu singen für Ops, Erdmutter, zinnengekrönt;
auch für Phoebus zu singen befahl er, als er die Spiele   25
  stiftete, die ein Geschlecht immer nur einmal erlebt.
Mit diesen Beispielen möge, so fleh' ich, gnädigster Kaiser,
  jetzt sich mildern dein Zorn, den mein Talent dir erregt.
Freilich ist er gerecht, und ich leugne das nicht: ich
                                verdient' ihn;
  sind meine Lippen doch nicht völlig verlassen von
                                Scham.   30
Hätt' ich jedoch nicht gefehlt, was könntest du dann
                                mir vergeben?
  Anlaß zu mildem Verzeihn bietet mein Schicksal dir
                                jetzt.
Wollte, sooft sich Menschen versündigen, Juppiter Blitze
  schleudern, in kurzer Zeit wär' er von Waffen entblößt.
So aber, wenn er sich dröhnend entladen, die Erde
                                erschreckt hat   35
  und sich der Regen erschöpft, bleibt die gereinigte Luft.
Darum heißt er mit Recht der Vater und Herrscher der
                                Götter:
  Größres als Juppiter ist nicht in der Weite der Welt.
Du auch, da du der Herrscher und Vater des Vaterlands
                                heißest,
  zeig einer Gottheit dich jetzt gleich, deren Namen du
                                trägst!   40
Und das tust du ja schon: besonnener hat ja kein
                                Herrscher
  je als du seines Reichs Zügel zu führen gewußt.

tu veniam parti superatae saepe dedisti,
    non concessurus quam tibi victor erat.
divitiis etiam multos et honoribus auctos   45
    vidi, qui tulerant in caput arma tuum;
quaeque dies bellum, belli tibi sustulit iram,
    parsque simul templis utraque dona tulit;
utque tuus gaudet miles, quod vicerit hostem,
    sic victum cur se gaudeat, hostis habet.   50
causa mea est melior, qui nec contraria dicor
    arma nec hostiles esse secutus opes.
per mare, per terras, per tertia numina iuro,
    per te praesentem conspicuumque deum,
hunc animum favisse tibi, vir maxime, meque,   55
    qua sola potui, mente fuisse tuum.
optavi, peteres caelestia sidera tarde,
    parsque fui turbae parva precantis idem,
et pia tura dedi pro te, cumque omnibus unus
    ipse quoque adiuvi publica vota meis.   60
quid referam libros, illos quoque, crimina nostra,
    mille locis plenos nominis esse tui?
inspice maius opus, quod adhuc sine fine tenetur,
    in non credendos corpora versa modos:

Oftmals hast du Verzeihung gewährt überwundenen
                              Gegnern,
    die, wenn sie selber gesiegt, niemals dir hätten verzieh'n;
viele schon hab' ich bereichert gesehen an Schätzen und
                              Ehren,   45
    die mit der Waffe zuvor hatten dein Leben bedroht:
war der Kampf erst vorbei, so erlosch mit dem Kampf
                              auch dein Zürnen;
    beide Parteien zugleich ehrten im Tempel den Gott,
und wie dein Krieger sich freut, sobald er den Gegner
                              besiegt hat,
    so hat dein Gegner Grund, sich als Besiegter zu
                              freun.   50
Meine Sache ist besser: ich bin, man weiß es, kein Gegner,
    der dich bekämpfte und der feindlicher Macht sich
                              verband.
Schwören kann ich beim Meer, bei der Erde, den
                              Göttern des Hades,
    bei dir selber, dem stets nahen und sichtbaren Gott,
daß diese Seele dir diente und – das nur vermocht' ich,
                              Erhabner –   55
    meiner Gesinnung nach wollte der Deinige sein.
Spät erst müssest du gehn zu den himmlischen Sternen,
                              so wünsch' ich,
    war nur ein Teilchen der Schar, die um dasselbe
                              gefleht;
Weihrauch hab' ich gespendet für dich mit den anderen
                              allen;
    zu den Gebeten des Volks hab' ich auch meine
                              gefügt.   60
Soll ich die Bücher erwähnen? Selbst jene, in denen ich
                              fehlte –
    tausendmal wird deines Ruhms Größe verkündet darin.
Blick in das größere Werk, das noch nicht vollendet: es
                              schildert
    Wesen, die ihre Gestalt wechseln unglaublicherweis';

invenies vestri praeconia nominis illic, 65
  invenies animi pignora multa mei.
non tua carminibus maior fit gloria, nec quo,
  ut maior fiat, crescere possit, habet.
fama Iovi superest: tamen hunc sua facta referri
  et se materiam carminis esse iuvat, 70
cumque Gigantei memorantur proelia belli,
  credibile est laetum laudibus esse suis.
te celebrant alii, quanto decet ore, tuasque
  ingenio laudes uberiore canunt:
sed tamen, ut fuso taurorum sanguine centum, 75
  sic capitur minimo turis honore deus.
a! ferus et nobis nimium crudeliter hostis,
  delicias legit qui tibi cumque meas,
carmina ne nostris quae te venerantia libris
  iudicio possint candidiore legi. 80
esse sed irato quis te mihi posset amicus?
  vix tunc ipse mihi non inimicus eram.
cum coepit quassata domus subsidere, partes
  in proclinatas omne recumbit onus,
cunctaque fortuna rimam faciente dehiscunt, 85
  ipsa suo quaedam pondere tracta ruunt.

finden wirst du auch dort die Verherrlichung eueres
                                        Namens,   65
    finden so manchen Beweis meiner Gesinnungen dort.
Größer kann durch Gedichte dein Ruhm nicht werden;
                                        denn dieser
    kann nicht mehr wachsen und hat, größer zu werden,
                                        nicht Raum.
Riesig ist Juppiters Ruhm; doch hat er es gern, seine
                                        Taten
    preisen zu hören und selbst Stoff des Gesanges zu
                                        sein: 70
wenn man die Kämpfe des Krieges mit den Giganten
                                        berichtet,
    ist es wohl glaublich, daß Er sich seines Lobes erfreut.
Du wirst von andren gebührend gefeiert, mit tönendem
                                        Munde
    singen sie dir zum Lob reichere Lieder als ich.
Dennoch gewinnt, wie das Blut von hundert geschlachteten
                                        Stieren,   75
    wohl auch ein Weihrauchdampf, sei er auch schwach,
                                        einen Gott.
Ah! Ein fühlloser Feind, ein allzu grausamer war es,
    wer es immer auch sei, der mein Getändel dir las,
daß man in all meinen Büchern nicht Dichtungen, die
                                        dich verehren,
    könne erblicken, die mich zeigen in reinerem Licht!   80
Wer aber durfte wohl noch mein Freund sein, wenn du
                                        mir zürntest?
    Wenig fehlte, so war selber ich damals mein Feind.
Hat ein beschädigtes Haus zu sinken begonnen, so legt
                                        sich
    auf den sich neigenden Teil drückend das ganze
                                        Gewicht.
Was auseinanderklafft, weil das Schicksal ihm Risse
                                        versetzte,   85
    stürzt, von der eigenen Last niedergezogen, dahin.

ergo hominum quaesitum odium mihi carmine, quosque
    debuit, est vultus turba secuta tuos.
at, memini, vitamque meam moresque probabas
    illo, quem dederas, praetereuntis equo. 90
quod si non prodest et honesti gloria nulla
    redditur, at nullum crimen adeptus eram.
nec male commissa est nobis fortuna reorum
    lisque decem deciens inspicienda viris.
res quoque privatas statui sine crimine iudex, 95
    deque mea fassa est pars quoque victa fide.
me miserum! potui, si non extrema nocerent,
    iudicio tutus non semel esse tuo.
ultima me perdunt, imoque sub aequore mergit
    incolumem totiens una procella ratem. 100
nec mihi pars nocuit de gurgite parva, sed omnes
    pressere hoc fluctus Oceanusque caput.
cur aliquid vidi? cur noxia lumina feci?
    cur imprudenti cognita culpa mihi?
inscius Actaeon vidit sine veste Dianam: 105
    praeda fuit canibus non minus ille suis.
scilicet in superis etiam fortuna luenda est,
    nec veniam laeso numine casus habet.

Ich ward so durch die Dichtung verhaßt bei den Menschen:
die Menge
schloß deinem zornigen Blick, wie es ihr ziemte, sich an.
Aber ich weiß doch, du hast meinen Lebenswandel
gebilligt,
als ich vorbei auf dem Pferd ritt, das du hattest
verliehn;   90
wenn dies gleich nichts nützt und der Ruf eines
rechtlichen Wandels
keinem geschenkt wird, ich zog doch keinen Tadel
mir zu:
war ich doch unter den zehnmal zehn Männern und
habe nicht übel
für die Parteien gesorgt, hab' ihre Rechte gewahrt,
habe Privates auch ohne Tadel als Richter entschieden: 95
auch die besiegte Partei gab meine Redlichkeit zu.
Ach, ich Ärmster! Hätte mir nicht das Letzte geschadet,
hätte dein Urteil mich mehr als nur einmal geschützt.
Mich vernichtet das Letzte: es senkt ein einziger
Sturmwind
bis auf den Grund mein Schiff, das schon so viel
überstand,   100
und nicht ein Teilchen der Flut nur schädigte mich,
sondern alle
Wogen, der Ozean selbst haben dies Leben zermalmt.
Weshalb sah ich etwas? Warum ward ich schuldig durch
Blicke?
Weshalb war ich der Tor, der die Verfehlung erkannt?
Ohne Gewand, nichts ahnend, erblickte Actaeon
Diana;   105
doch seinen Hunden dafür ward er nicht minder zum
Raub.
Auch ein mißlich Geschick verlangt bei den
Himmlischen Sühne:
ward eine Gottheit gekränkt, wird auch kein Zufall
verziehn.

illa nostra die, qua me malus abstulit error,
    parva quidem periit, sed sine labe domus: 110
sic quoque parva tamen, patrio dicatur ut aevo
    clara nec ullius nobilitate minor,
et neque divitiis nec paupertate notanda,
    unde sit in neutrum conspiciendus eques.
sit quoque nostra domus vel censu parva vel ortu,   115
    ingenio certe non latet illa meo;
quo videar quamvis nimium iuveniliter usus,
    grande tamen toto nomen ab orbe fero,
turbaque doctorum Nasonem novit et audet
    non fastiditis adnumerare viris.   120
corruit haec igitur Musis accepta, sub uno
    sed non exiguo crimine lapsa domus:
atque ea sic lapsa est, ut surgere, si modo laesi
    ematuruerit Caesaris ira, queat,
cuius in eventu poenae clementia tanta est,   125
    venerit ut nostro lenior illa metu.
vita data est, citraque necem tua constitit ira,
    o princeps parce viribus use tuis!
insuper accedunt, te non adimente, paternae,
    tamquam vita parum muneris esset, opes.   130

Ja, an dem Tage, an welchem die böse Verirrung mich
                              fortriß,
  ging mein Haus, das zwar klein, doch ohne Tadel,
                              zugrund,   110
klein jedoch in dem Sinn, daß es schon seit Zeiten der
                              Väter
  ruhmvoll ist und an Rang steht hinter keinem zurück,
so daß es weder durch Reichtum noch Armut merklich
                              hervortritt,
  drum durch keins von den zwein falle ein Ritter ins
                              Aug':
Ist auch klein unser Haus dem Besitztum nach und der
                              Herkunft,   115
  blieb es durch mein Talent doch im Verborgenen nicht.
Scheint es auch, daß ich zu unbesonnen mich seiner
                              bediente,
  groß ist der Name gleichwohl, den ich auf Erden
                              gewann.
Kennt doch der sämtliche Schwarm der Belesnen den
                              Naso und zählt ihn
  offen den Männern zu, die man nicht sollte
                              verschmähn.   120
Also stürzt das den Musen Geweihte dahin: durch ein
                              einz'ges,
  doch nicht geringes Vergehn ist es gesunken, das Haus;
aber es sank doch so, daß es, wenn des beleidigten Kaisers
  Zorn vergeht mit der Zeit, aufzuerstehen vermag;
ist doch bei dem Vollzug einer Strafe so groß seine
                              Milde,   125
  daß sie gelinder sich stets, als wir befürchteten, zeigt.
Mir ist das Leben geschenkt: dein Zorn macht halt vor
                              der Tötung,
  o du Fürst, der du dich schonend bedienst deiner Macht!
Hierzu kommt, da du mir es nicht nimmst, mein Vermögen
                              vom Vater,
  so als ob zu gering wäre des Lebens Geschenk.   130

nec mea decreto damnasti facta senatus,
  nec mea selecto iudice iussa fuga est.
tristibus invectus verbis – ita principe dignum –
  ultus es offensas, ut decet, ipse tuas.
adde quod edictum, quamvis immite minaxque,   135
  attamen in poenae nomine lene fuit:
quippe relegatus, non exul, dicor in illo,
  privaque fortunae sunt ibi verba meae.
nulla quidem sano gravior mentisque potenti
  poena est, quam tanto displicuisse viro;   140
sed solet interdum fieri placabile numen:
  nube solet pulsa candidus ire dies.
vidi ego pampineis oneratam vitibus ulmum,
  quae fuerat saevi fulmine tacta Iovis.
ipse licet sperare vetes, sperabimus usque;   145
  hoc unum fieri te prohibente potest.
spes mihi magna subit, cum te, mitissime princeps,
  spes mihi, respicio cum mea facta, cadit.
ac veluti ventis agitantibus aequora non est
  aequalis rabies continuusque furor,   150
sed modo subsidunt intermissique silescunt,
  vimque putes illos deposuisse suam:

Weder hast du mein Tun durch Beschluß des Senates
                              verurteilt,
    noch einen Richter erwählt, der die Verbannung
                              verfügt;
drohend mit zornigem Wort – so fordert's die Würde
                              des Fürsten –
    hast du, wie es sich ziemt, selbst deine Kränkung
                              gerächt.
Dazu war der Erlaß, ungnädig zwar und bedrohlich,   135
    doch in dem Namen gelind, den er der Strafe erteilt:
zwar ein Verwiesener heiß' ich darin, doch nicht ein
                              Verbannter;
    eigene Wendungen stehn dir für mein Los zu Gebot.
Freilich, so mächtigem Mann zu mißfallen, das ist wohl
                              die schwerste
    Strafe für den, der gesund ist und bei rechtem
                              Verstand;   140
doch eine Gottheit pflegt bisweilen versöhnlich zu werden,
    und ist die Wolke verjagt, strahlt uns der heiterste Tag.
Sah ich doch einst eine dicht mit Reben beladene Ulme,
    die mit dem Blitz seines Zorns Juppiter hatte berührt.
Wenn du auch selber zu hoffen verwehrst, stets werd'
                              ich doch hoffen: 145
    dies, dieses eine, kann selbst, wenn du's verbietest,
                              geschehn.
Hoffnung erfüllt mich, sooft ich auf dich, du gnädigster
                              Herrscher,
    blicke; die Hoffnung sinkt, blick' ich zurück auf mein
                              Tun,
und wie das Wüten der Stürme, solang sie die Wogen
                              bewegen,
    nicht stets gleichmäßig ist und nicht beständig ihr
                              Zorn,   150
wie sie zuweilen sich legen und sich unterbrechen und
                              schweigen,
    daß man vermeint, ihre Macht hätten sie von sich getan,

sic abeunt redeuntque mei variantque timores,
  et spem placandi dantque negantque tui.
per superos igitur, qui dant tibi longa dabuntque			155
  tempora, Romanum si modo nomen amant,
per patriam, quae te tuta et secura parente est,
  cuius, ut in populo, pars ego nuper eram –
sic tibi, quem semper factis animoque mereris,
  reddatur gratae debitus urbis amor;			160
Livia sic tecum sociales compleat annos,
  quae, nisi te, nullo coniuge digna fuit,
quae si non esset, caelebs te vita deceret,
  nullaque, cui posses esse maritus, erat;
sospite sit tecum natus quoque sospes, et olim			165
  imperium regat hoc cum seniore senex;
ut faciuntque tui, sidus iuvenale, nepotes,
  per tua perque tui facta parentis eant;
sic adsueta tuis semper Victoria castris
  nunc quoque se praestet notaque signa petat,			170
Ausoniumque ducem solitis circumvolet alis,
  ponat et in nitida laurea serta coma,
per quem bella geris, cuius nunc corpore pugnas,
  auspicium cui das grande deosque tuos,

ganz so entweicht, kehrt wieder und wechselt meine
                         Befürchtung,
  gibt auf Begnadigung mir Hoffnung und nimmt sie
                         alsbald.
Drum bei den Himmlischen, die dir ein währendes
                         Leben verleihen,   155
  wenn nur das römische Volk teuer und wert ihnen
                         bleibt,
und bei dem Vaterland, welches du väterlich sicherst
                         und hütest –
  kürzlich gehörte ich noch selbst zu dem Land und
                         dem Volk –
werde dir, wie du es immer durch Tat und Gesinnung
                         verdientest,
  immer der dankbaren Stadt schuldige Liebe zuteil!   160
Livia möge mit dir gemeinsame Jahre durchleben,
  sie, die nur eines Gemahls Hand, nur die deine verdient!
Wäre sie nicht, so müßtest als Unvermählter du leben,
  gab es doch keine, der du Gatte vermöchtest zu sein.
Mit dir Glücklichem lebe dein Sohn auch glücklich und
                         herrsche   165
  mit dir Älterem weit, weit in sein Alter hinein!
Und deine Enkel, ein Sternbild der Jugend, mögen als
                         Beispiel
  deinen Vater und dich nehmen, wie sie es ja tun!
Möge die Göttin des Sieges, die stets deine Heere begleitet,
  so sich bewähren auch jetzt, Ruhm deinen Fahnen
                         verleihn!   170
Um den italischen Feldherrn schwebe, wie immer, ihr
                         Flügel,
  und mit des Lorbeers Kranz schmücke sie strahlend
                         sein Haar:
führst du doch Kriege durch ihn, du kämpfst in seiner
                         Person jetzt,
  spendest ihm Segen und Heil, gibst deine Götter ihm
                         mit,

dimidioque tui praesens et respicis urbem,   175
  dimidio procul es saevaque bella geris;
hic tibi sic redeat superato victor ab hoste,
  inque coronatis fulgeat altus equis –
parce, precor, fulmenque tuum, fera tela, reconde,
  heu nimium misero cognita tela mihi!   180
parce, pater patriae, nec nominis immemor huius
  olim placandi spem mihi tolle tui!
non precor ut redeam, quamvis maiora petitis
  credibile est magnos saepe dedisse deos;
mitius exilium si das propiusque roganti,   185
  pars erit ex poena magna levata mea.
ultima perpetior medios eiectus in hostes,
  nec quisquam patria longius exul abest.
solus ad egressus missus septemplicis Histri
  Parrhasiae gelido virginis axe premor –   190
Ciziges et Colchi Tereteaque turba Getaeque
  Danuvii mediis vix prohibentur aquis –
cumque alii causa tibi sint graviore fugati,
  ulterior nulli, quam mihi, terra data est.
longius hac nihil est, nisi tantum frigus et hostes,   195
  et maris adstricto quae coit unda gelu.
hactenus Euxini pars est Romana sinistri:
  proxima Basternae Sauromataeque tenent.
haec est Ausonio sub iure novissima vixque
  haeret in imperii margine terra tui,   200

und so bist du zur Hälfte zugegen, die Stadt zu
       betreuen,   175
 bist zur Hälfte entfernt, führst einen furchtbaren Krieg.
Kehre er denn zu dir vom Feind, den er siegend
       geschlagen,
 hoch auf bekränztem Roß stolz im Triumphe zurück! –
Schone mich, fleh' ich, verwahre den Blitz, deine
       grausame Waffe,
 ach, die Geschosse, die mir Elendem allzu bekannt!   180
Vater des Vaterlands, schone und nimm, dieses Namens
       vergessend,
 nicht die Hoffnung mir weg, dich zu versöhnen dereinst!
Heimkehr wünsch' ich ja nicht, wiewohl es glaublich,
       daß große
 Götter Größeres oft gaben dem Menschen, der fleht:
gibst du dem Bittenden mildere, minder entlegne
       Verbannung,   185
 um ein Beträchtliches wird leichter die Strafe dann sein.
Äußerstes dulde ich jetzt, verstoßen, inmitten von Feinden,
 und kein Verbannter ist je weiter von Hause entfernt.
Einsam, verschickt an die Mündung der siebenarmigen
       Donau,
 wird mir des Wagengestirns eisige Achse zur Pein: 190
Kolcher, Kizyger, auch tereteische Scharen und Geten
 hält mir die Donau kaum durch ihr Gewässer vom Leib:
andere wurden von dir aus schwereren Gründen
       vertrieben,
 weiter hinweg ward noch nie einer verstoßen als ich;
drüber hinaus ist nichts, es sei denn Kälte und Feinde   195
 oder die Meerflut, die eisig im Froste erstarrt.
So weit reicht der römische Teil des finstren Euxinus,
 grenzt ans sarmatische Land und ans Bastarnergebiet;
unter dem Rechte Italiens steht dieses Land erst seit
       kurzer
 Zeit, und es haftet ja auch kaum an dem Rand deines
       Reichs.   200

unde precor supplex ut nos in tuta releges,
　　ne sit cum patria pax quoque adempta mihi,
ne timeam gentes, quas non bene summovet Hister,
　　neve tuus possim civis ab hoste capi.
fas prohibet Latio quemquam de sanguine natum   205
　　Caesaribus salvis barbara vincla pati.
perdiderint cum me duo crimina, carmen et error,
　　alterius facti culpa silenda mihi:
nam non sum tanti, renovem ut tua vulnera, Caesar,
　　quem nimio plus est indoluisse semel.   210
altera pars superest, qua turpi carmine factus
　　arguor obsceni doctor adulterii.
fas ergo est aliqua caelestia pectora falli,
　　et sunt notitia multa minora tua;
utque deos caelumque simul sublime tuenti   215
　　non vacat exiguis rebus adesse Iovi,
de te pendentem sic dum circumspicis orbem,
　　effugiunt curas inferiora tuas.
scilicet imperii princeps statione relicta
　　imparibus legeres carmina facta modis?   220

Darum fleh' ich dich an, ins Sichere mich zu verweisen:
   laß mit dem Vaterland mir nicht auch den Frieden
                   entziehn,
daß mich nicht Völker bedrohn, die die Donau nur
                   wenig entfernt hält,
daß, als dein Bürger, ich nicht falle dem Feind in die
                   Hand!
Recht erspart einem jeden aus Latiums Blute
                   Gebornen,   205
   wenn nur der Kaiser noch lebt, Fesseln barbarischer
                   Macht.
Da zwei Frevel, Gedicht und Verirrung, zugrunde mich
                   richten,
   sei meines zweiten Vergehns Fehltritt in Schweigen
                   gehüllt:
denn ich bin es nicht wert, dich erneut zu verwunden,
                   o Kaiser;
ist es doch mehr als zuviel, wenn man dich einmal
                   betrübt.   210
Bleibt das andre: ich werde beschuldigt, durch schändliche
                   Dichtung
   schamlosen Ehebruchs Lehrer geworden zu sein.
Also ist's möglich, daß himmlische Herzen in manchem
                   sich täuschen:
   vieles Geringe entzieht sich deinem forschenden
                   Blick,
und wie es Juppiter, der die Götter beschützt und den
                   hohen   215
   Himmel, an Muße gebricht, kleinere Dinge zu sehn,
so vermag sich, indes du des Weltreichs, das von dir
                   abhängt,
   waltest, Geringeres auch deinem Bemühn zu entziehn.
Läsest du denn als Herrscher des Reichs, deinen Posten
                   verlassend,
   Dichtungen, die aus den stets wechselnden Versen
                   bestehn?   220

non ea te moles Romani nominis urget,
   inque tuis umeris tam leve fertur onus,
lusibus ut possis advertere numen ineptis,
   excutiasque oculis otia nostra tuis.
nunc tibi Pannonia est, nunc Illyris ora domanda,   225
   Raetica nunc praebent Thraciaque arma metum,
nunc petit Armenius pacem, nunc porrigit arcus
   Parthus eques timida captaque signa manu,
nunc te prole tua iuvenem Germania sentit,
   bellaque pro magno Caesare Caesar obit;   230
denique, ut in tanto, quantum non extitit umquam,
   corpore pars nulla est, quin labet, imperii.
urbs quoque te et legum lassat tutela tuarum
   et morum, similes quos cupis esse tuis.
non tibi contingunt, quae gentibus otia praestas,   235
   bellaque cum vitiis inrequieta geris.
mirer in hoc igitur tantarum pondere rerum
   te numquam nostros evoluisse iocos?
at si, quod mallem, vacuum tibi forte fuisset,
   nullum legisses crimen in Arte mea.   240
illa quidem fateor frontis non esse severae
   scripta, nec a tanto principe digna legi:

Macht dir denn nicht diese Last des Römischen Reiches
                    zu schaffen?
Ruht auf den Schultern dir etwa die Bürde zu leicht,
um auf ein törichtes Spiel die erlauchten Gedanken zu
                    richten
    und meiner Muße Frucht prüfend vor Augen zu sehn?
Jetzt mußt Pannonien du, die illyrische Küste
                    bezähmen,   225
    Raetier, Thrakier drohn jetzt unter Waffen dem Reich;
Frieden erbittet Armenien jetzt, der parthische Reiter
    streckt jetzt den Bogen und gibt Fahnen, geraubte,
                    zurück.
Jetzt läßt dein Sohn Germanien spüren, daß du noch
                    jung bist,
    wo jetzt ein Caesar den Krieg führt auf des Caesars
                    Geheiß.   230
Schließlich, indes in dem Körper des Reichs, der so
                    groß ist wie keiner
    jemals zuvor, kein Teil übrig noch ist, der nicht wankt,
macht auch die Stadt dir noch Müh' und die Sicherung
                    deiner Gesetze
    und ihrer Sitten, die du ähnlich den deinigen wünschst.
Dir ist niemals die Ruhe vergönnt, die den Völkern du
                    bietest,   235
    und mit der Laster Brut stehst du in rastlosem Krieg:
drum, bei der Last so großer Geschäfte – da sollt' ich
                    mich wundern,
    daß meinem tändelnden Buch nie einen Blick du
                    gegönnt?
Wäre dir aber die Zeit vielleicht noch geblieben –
                    ich wünscht' es –
    hättst in der »Liebeskunst« du kein Verbrechen gesehn.
Zwar, ich gesteh' es, trägt dieses Werk kein ernsthaftes
                    Antlitz,   241
    ist auch nicht wert, daß ein so mächtiger Herrscher es
                    liest;

non tamen idcirco legum contraria iussis
  sunt ea Romanas erudiuntque nurus.
neve, quibus scribam, possis dubitare, libellus   245
  quattuor hos versus e tribus unus habet:
'este procul, vittae tenues, insigne pudoris,
  quaeque tegis medios instita longa pedes!
nil nisi legitimum concessaque furta canemus,
  inque meo nullum carmine crimen erit.'   250
ecquid ab hac omnes rigide summovimus Arte,
  quas stola contingi vittaque sumpta vetat?
'at matrona potest alienis artibus uti,
  quoque trahat, quamvis non doceatur, habet.'
nil igitur matrona legat, quia carmine ab omni   255
  ad delinquendum doctior esse potest.
quodcumque attigerit, siqua est studiosa sinistri,
  ad vitium mores instruet inde suos.
sumpserit Annales – nihil est hirsutius illis –
  facta sit unde parens Ilia, nempe leget.   260
sumpserit 'Aeneadum genetrix' ubi prima, requiret,
  Aeneadum genetrix unde sit alma Venus.
persequar inferius, modo si licet ordine ferri,
  posse nocere animis carminis omne genus.

deshalb enthält es doch nichts, was je die Gesetze verletzen
  kann, und erteilt auch nicht Lehren den römischen
                            Fraun;
ja, und damit du nicht zweifelst, für wen ich die Büchlein
                         geschrieben –   245
  eins von den dreien enthält Verse wie folgende vier:
»Haltet euch fern, ihr Binden des Hauptes, ihr Zeichen
                     der Keuschheit,
  fern du, langer Besatz, der du die Füße verhüllst!
Nur das Erlaubte besing' ich, geduldete Liebesgeschichten;
  nirgend in meinem Gedicht wird ein Verbrechen
                    gelehrt.«   250
Hab' ich nun alle wohl streng entfernt von dem Buche
                   gehalten,
  denen der Kopfschmuck, das Kleid seine Berührung
                   verbot?
»Doch eine ehrbare Frau kann sich fremder Künste
                   bedienen:
  wenn auch niemand sie lehrt, hat sie den Reiz, der
                   verführt.«
Soll drum die Frau nichts lesen, dieweil einem jeden
                 Gedicht sie   255
  Kenntnis entnehmen kann, die sie zum Fehltritt
                   bestimmt?
Was ihre Hand auch berührt – wenn sie irgend auf
                 Arges bedacht ist,
  wird auf das Laster davon immer ihr Trachten gelenkt:
nimmt sie sich die »Annalen« – nichts kann man sich
               schmuckloser denken –
  liest sie natürlich, durch wen Mutter die Ilia ward;   260
nimmt sie das Buch »Stamm-Mutter der Aeneaden«,
               so fragt sie,
  wer zur Mutter des Stamms Venus, die holde, gemacht.
Ist es erlaubt, nach der Reihe zu gehn, will ich später
               noch dartun:
  schaden kann dem Gemüt jegliche Art von Gedicht;

non tamen idcirco crimen liber omnis habebit: 265
  nil prodest, quod non laedere possit idem.
igne quid utilius? siquis tamen urere tecta
  comparat, audaces instruit igne manus.
eripit interdum, modo dat medicina salutem,
  quaeque iuvet, monstrat, quaeque sit herba nocens.   270
et latro et cautus praecingitur ense viator;
  ille sed insidias, hic sibi portat opem.
discitur innocuas ut agat facundia causas;
  protegit haec sontes, inmeritosque premit.
sic igitur carmen, recta si mente legatur,   275
  constabit nulli posse nocere meum.
'at quasdam vitio.' quicumque hoc concipit, errat,
  et nimium scriptis arrogat ille meis.
ut tamen hoc fatear, ludi quoque semina praebent
  nequitiae: tolli tota theatra iube!   280
peccandi causam multis quam saepe dederunt,
  Martia cum durum sternit harena solum!
tollatur Circus! non tuta licentia Circi est:
  hic sedet ignoto iuncta puella viro.

aber die Schuld daran wird nicht stets beim Buche nur
liegen: 265
  nichts ist von Nutzen, was nicht schädigen könnte
zugleich.
Was nützt mehr als das Feuer? Doch wer's unternähme,
die Häuser
anzuzünden, der treibt Frevel mit Feuers Gewalt.
Heilkunst raubt bisweilen Gesundheit und schenkt sie
auch manchmal,
  zeigt, welches Kraut uns hilft, welches zum Schaden
gereicht. 270
Räuber und Wanderer, beide umgürten sich wohl mit
dem Schwerte,
  jener zum schlimmen Gebrauch, dieser zu Schutz
und zu Trutz.
Redners Kunst wird erlernt, um der Unschuld Sache zu
führen,
  bietet doch Frevelnden Schutz, Schuldlosen Drangsal
und Not.
So wird sich zeigen, daß all meine Dichtung, wenn man
im rechten 275
  Geist sie zu lesen vermag, niemanden schädigen kann.
»Aber gewisse Frauen durch Laster!« – Es irrt, wer das
annimmt,
  traut er doch gar zu viel Macht meinen Dichtungen zu.
Dies aber laß mich gestehn: auch die Spiele enthalten
den Keim des
  Leichtsinns; darum befiehl, daß man die Schaustätten
schließt! 280
Oft schon haben sie vielen zum Sündigen Anlaß gegeben,
  während den harten Grund deckte den Fechtern der
Sand.
Laß auch den Zirkus schließen, wo lockere Sitten
gedeihen:
  Männern, die es nicht kennt, sitzt hier das Mädchen
gesellt.

cum quaedam spatientur in hoc, ut amator eodem   285
    conveniat, quare porticus ulla patet?
quis locus est templis augustior? haec quoque vitet,
    in culpam siqua est ingeniosa suam.
cum steterit Iovis aede, Iovis succurret in aede
    quam multas matres fecerit ille deus.   290
proxima adoranti Iunonia templa, subibit
    paelicibus multis hanc doluisse deam.
Pallade conspecta, natum de crimine virgo
    sustulerit quare, quaeret, Erichthonium.
venerit in magni templum, tua munera, Martis,   295
    stat Venus Ultori iuncta, vir ante fores.
Isidis aede sedens, cur hanc Saturnia, quaeret,
    egerit Ionio Bosphorioque mari.
in Venerem Anchises, in Lunam Latmius heros,
    in Cererem Iasion, qui referatur, erit.   300
omnia perversas possunt corrumpere mentes;
    stant tamen illa suis omnia tuta locis.
quaecumque inrumpit, qua non sinit ire sacerdos,   305
    protinus huic dempti criminis ipsa rea est.   306
et procul a scripta solis meretricibus Arte   303
    summovet ingenuas pagina prima manus.   304
nec tamen est facinus versus evolvere mollis;
    multa licet castae non facienda legant.

Wenn sich gewisse Dämchen ergehn, um mit ihren
Verehrern 285
dort sich zu treffen, warum sperrt man die Hallen
denn nicht?
Welcher Ort ist erhabner als Tempel? Auch sie mag die
Frau nur
meiden, die Laster und Lust etwa erfinderisch macht!
Steht sie in Juppiters Haus, läßt Juppiters Haus sie
bedenken,
wie viele Frauen der Gott jemals zu Müttern
gemacht; 290
fleht sie in Junos Tempel daneben, so kommt ihr der Einfall,
daß diese Göttin so oft unter den Kebsfrauen litt;
schaut sie zu Pallas empor, wird sie fragen, wieso denn
die Jungfrau
aus einem Fehltritt als Sohn einst Erichthonius trug.
Kommen wird sie zum Tempel des mächtigen Mars,
deiner Stiftung: 295
Venus steht neben Mars, aber ihr Mann vor dem Tor;
weilend in Isis' Haus wird sie fragen, weswegen denn Juno
sie durchs Ionische Meer und durch den Bosporus trieb.
Dann wird bei Venus Anchises, bei Luna der latmische
Heros,
wird es Iasion sein, den man bei Ceres ihr nennt. 300
Alle Dinge vermögen ein böses Gemüt zu verderben,
alle behalten indes sicher und fest ihren Platz.
Jede, die sich verirrt in den Raum, den der Priester
verbietet, 305
nimmt von diesem die Schuld, welche sie selber
begeht. 306
Weit von der »Kunst«, der nur für die lockeren Damen
geschriebnen, 303
weist ja das Anfangsblatt edlere Hände zurück. 304
Dennoch ein Frevel ist's nicht, in verbuhlten Versen zu
blättern;
vieles, was nimmer sie tut, lese die Keusche getrost!

saepe supercilii nudas matrona severi
    et Veneris stantis ad genus omne videt.   310
corpora Vestales oculi meretricia cernunt,
    nec domino poenae res ea causa fuit.
at cur in nostra nimia est lascivia Musa,
    curve meus cuiquam suadet amare liber?
nil nisi peccatum manifestaque culpa fatenda est: 315
    paenitet ingenii iudiciique mei.
cur non Argolicis potius quae concidit armis
    vexata est iterum carmine Troia meo?
cur tacui Thebas et vulnera mutua fratrum,
    et septem portas, sub duce quamque suo?   320
nec mihi materiam bellatrix Roma negabat,
    et pius est patriae facta referre labor.
denique cum meritis impleveris omnia, Caesar,
    pars mihi de multis una canenda fuit,
utque trahunt oculos radiantia lumina solis,   325
    traxissent animum sic tua facta meum.
arguor inmerito. tenuis mihi campus aratur;
    illud erat magnae fertilitatis opus.
non ideo debet pelago se credere, siqua
    audet in exiguo ludere cumba lacu.   330
forsan – et hoc dubitem – numeris levioribus aptus
    sim satis, in parvos sufficiamque modos:

Oft mit gerunzelter Stirn wird die ehrbare Frau auf die
Nackten
blicken, die jeglicher Art Wollust zu bieten bereit.   310
Auch der Vestalinnen Blicke erspähen wohl Körper von
Dirnen,
und den Geschäftsherrn trifft doch keine Strafe dafür.
Aber woher empfing meine Muse ihr lockeres Wesen?
Warum leitet mein Buch jemanden an, wie man liebt?
Nichts als erwiesene Schuld und Verfehlung muß ich
bekennen,   315
ja, ich bereue das Werk und meinen schlechten
Geschmack.
Warum hab' ich nicht Troja, das griechischen Waffen
erlegne,
lieber in meinem Gedicht nochmals bedroht und
bedrängt?
Warum schwieg ich von Theben, vom blutigen Zwiste
der Brüder,
sieben Toren und wie jedes ein Feldherr berannt?   320
Rom, das kriegrische, hätte mir Stoff zur Genüge geboten:
Taten des Vaterlands preisen ist edles Bemühn.
Als du, Kaiser, mit deinen Verdiensten alles erfülltest,
hätte von all dem eins mir zu besingen geziemt,
und wie die leuchtenden Strahlen der Sonne die Augen
verlocken,   325
hätte der Glanz deines Tuns auch meine Seele gelockt.
Schuldlos werd' ich gescholten. Ich pflüge den
kärglichen Acker,
und für das andere Werk braucht's einer fruchtbaren
Flur.
Darf sich ein Nachen doch deshalb noch nicht dem
Meere vertrauen,
weil er im winzigen Teich sich zu ergötzen gewagt.   330
Fähig genug vielleicht – ich bezweifle auch dies – für die
leichte
Gattung, reicht meine Kraft aus für die kleinere Form;

at si me iubeas domitos Iovis igne Gigantas
   dicere, conantem debilitabit onus.
divitis ingenii est immania Caesaris acta   335
   condere, materia ne superetur opus.
et tamen ausus eram; sed detrectare videbar,
   quodque nefas, damno viribus esse tuis.
ad leve rursus opus, iuvenilia carmina, veni,
   et falso movi pectus amore meum.   340
non equidem vellem: sed me mea fata trahebant,
   inque meas poenas ingeniosus eram.
ei mihi quod didici! cur me docuere parentes
   litteraque est oculos ulla morata meos?
haec tibi me invisum lascivia fecit, ob artes,   345
   quis ratus es vetitos sollicitare toros.
sed neque me nuptae didicerunt furta magistro,
   quodque parum novit, nemo docere potest.
sic ego delicias et mollia carmina feci,
   strinxerit ut nomen fabula nulla meum.   350
nec quisquam est adeo media de plebe maritus,
   ut dubius vitio sit pater ille meo.
crede mihi, distant mores a carmine nostro –
   vita verecunda est, Musa iocosa mea –

aber gebötst du zu schreiben, wie Juppiters Feuer
                Giganten
  zähmte, beim bloßen Versuch müßt' ich erliegen der
                Last.
Reich an Geist muß man sein, zu besingen des Kaisers
                gewalt'ge   335
  Taten, damit nicht das Werk werde vom Stoffe erdrückt;
dennoch, ich hatt' es gewagt; doch ich schien dich nur
                zu verkleinern,
  und, was nicht recht, deine Macht setzt' ich, so schien
                es, herab;
also kehrt' ich zurück zu dem leichten Gesang meiner
                Jugend:
  nur mit erdichteter Lust hab' ich beschwingt meinen
                Geist.   340
Anders wünscht' ich's gewiß; jedoch mich verführte
                mein Schicksal
  leider, und all mein Talent hat mir Bestrafung erbracht.
Weh mir, was hab' ich gelernt! Wozu belehrten mich
                Eltern,
  wurde Geschriebenes je mir vor die Augen gebracht?
Jene Verspieltheit machte verhaßt mich dir mit den
                »Künsten«,   345
  welche, so hast du gemeint, reizten zu sträflicher Lust.
Nie aber lernte durch mich eine Frau ihre Treue vergessen,
  da ja, was er nicht kennt, niemand zu lehren vermag.
Hab' ich auch üppiges Spiel und verliebtes Dichten
                getrieben,
  hat doch kein übles Gerücht mir meinen Namen
                befleckt.   350
Gibt es doch selbst unterm Volk keinen einzigen
                Ehemann, welcher
  dank meinem Frevel nicht weiß, ob er der Vater auch sei.
Glaub mir: mein Wandel ist sehr von meinem Gedicht
                unterschieden;
  sittsam hab' ich gelebt, nur mit der Muse gescherzt;

magnaque pars mendax operum est et ficta meorum: 355
  plus sibi permisit compositore suo.
nec liber indicium est animi, sed honesta voluptas
  plurima mulcendis auribus apta ferens.
Accius esset atrox, conviva Terentius esset,
  essent pugnaces qui fera bella canunt.   360
denique composui teneros non solus amores:
  composito poenas solus amore dedi.
quid, nisi cum multo Venerem confundere vino
  praecepit lyrici Teïa Musa senis?
Lesbia quid docuit Sappho, nisi amare, puellas?   365
  tuta tamen Sappho, tutus et ille fuit.
nec tibi, Battiade, nocuit, quod saepe legenti
  delicias versu fassus es ipse tuas.
fabula iucundi nulla est sine amore Menandri,
  et solet hic pueris virginibusque legi.   370
Ilias ipsa quid est aliud nisi adultera, de qua
  inter amatorem pugna virumque fuit?
quid prius est illi flamma Briseidos, utque
  fecerit iratos rapta puella duces?
aut quid Odyssea est nisi femina propter amorem,   375
  dum vir abest, multis una petita procis?
quis nisi Maeonides, Venerem Martemque ligatos
  narrat, in obsceno corpora prensa toro?

Lug und Erdichtungen sind ein beträchtlicher Teil
meiner Werke: 355
  Schlimmeres haben sie sich als ihr Verfasser erlaubt;
Nicht die Gesinnung spiegelt das Buch: es will Freude
bereiten,
  weil es gar viel, was dem Ohr schmeichelt, zu bieten
vermag.
Accius wäre dann wild, Terentius wäre ein Trinker,
  kriegerisch wäre, wer je grausame Kriege besingt.   360
Schließlich: nicht ich nur habe von Liebesgetändel
geschrieben;
  aber Bestrafung erlitt ich nur, nachdem ich es schrieb.
Was hat die Muse des alternden Sängers von Teos denn
andres,
  als mit der Fülle des Weins Liebe zu einen, gelehrt?
Was hat auf Lesbos Sappho die Mädchen gelehrt als zu
lieben?   365
  Jener und Sappho indes blieben vor Tadel bewahrt.
Dir auch schadet es nicht, Kallimachos, daß du dem Leser
  oft deine Wonnen im Vers selber zur Kenntnis gebracht.
Jegliches Stück des heitren Menander behandelt die
Liebe;
  Jüngling und Mädchen jedoch sind ihn zu lesen
gewohnt.   370
Was ist die Ilias selbst denn andres als Ehebruch, der den
  Ehegemahl in den Kampf gegen den Liebhaber treibt?
Ja, sie beginnt mit der Glut für Briseïs und zeigt uns
den Raub des
  Mädchens und wie er den Zorn zwischen den Fürsten
entfacht.
Oder: was heißt »Odyssee«? Ein Weib, das von vielen
Bewerbern,   375
  während ihr Gatte entfernt, wurde aus Liebe begehrt.
Wer als Homer erzählt, wie Mars und Venus gebunden
  wurden auf schamlosem Bett und als Gefangne sich
sahn?

unde nisi indicio magni sciremus Homeri
   hospitis igne duas incaluisse deas?   380
omne genus scripti gravitate tragoedia vincit:
   haec quoque materiam semper amoris habet.
num quid in Hippolyto nisi caeca est flamma novercae?
   nobilis est Canace fratris amore sui.
quid? non Tantalides, agitante Cupidine currus,   385
   Pisaeam Phrygiis vexit eburnus equis?
tingueret ut ferrum natorum sanguine mater,
   concitus a laeso fecit amore dolor.
fecit amor subitas volucres cum paelice regem,
   quaeque suum luget nunc quoque mater Ityn.   390
si non Aëropen frater sceleratus amasset,
   aversos Solis non legeremus equos.
impia nec tragicos tetigisset Scylla cothurnos,
   ni patrium crinem desecuisset amor.
qui legis Electran et egentem mentis Oresten,   395
   Aegisthi crimen Tyndaridosque legis.
nam quid de tetrico referam domitore Chimaerae,
   quem leto fallax hospita paene dedit?
quid loquar Hermionen, quid te, Schoeneïa virgo,
   teque, Mycenaeo Phoebas amata duci?   400
quid Danaën Danaësque nurum matremque Lyaei
   Haemonaque et noctes cui coiere duae?
quid Peliae generum, quid Thesea, quique Pelasgum
   Iliacam tetigit de rate primus humum?

Woher wüßten wir sonst als von dem maeonischen Dichter,
  daß zwei Göttinnen einst für einen Gast sich
                                        entflammt?   380
Tragische Dichtung besiegt an Erhabenheit jegliche andre;
  dennoch liefert auch ihr immer die Liebe den Stoff.
Was ist »Hippolytus« sonst als der Stiefmutter
                                        heimliches Feuer?
  Weil sie den Bruder liebt, wurde Kanake berühmt.
Hat nicht der elfenbeinerne Pelops, da Amor den
                                        Wagen   385
  trieb, mit dem Phryger-Gespann Hippodamia entführt?
Daß eine Mutter das Eisen gefärbt mit dem Blut ihrer
                                        Söhne,
  wirkte der Kränkung Schmerz, den ihre Liebe erlitt.
Liebe verwandelt' in Vögel den König zusamt der
                                        Geliebten
  und der Mutter, die heut noch ihren Itys beklagt.   390
Liebte der frevelnde Bruder Aërope nicht, seine Schwester,
  läsen wir heut nicht, Sol habe die Rosse gewandt.
Scylla wäre ja nie auf die tragische Bühne gekommen,
  wenn sie um Liebe das Haar nicht ihrem Vater beschnitt.
Wer von Electra liest, von Orest, der von Sinnen
                                        gekommen,   395
  liest auch vom Frevel Aegisths, von Clytaemnestras
                                        Vergehn.
Denn was soll ich vom finstren Bezwinger Chimaeras
                                        berichten,
  den seine Wirtin beinah tückisch dem Tod übergab?
Sollt' ich Hermione nennen und dich, schoineïsche
                                        Jungfrau,
  Phoebuspriesterin, dich, die der Mykener liebt,   400
Danaë, Danaës Schwiegertochter, die Mutter des Bacchus,
  Haemon und jene, der zwei Nächte verschmolzen in
                                        eins,
Pelias' Schwiegersohn oder Theseus und ihn, der als erster
  Grieche das Schiff verließ, Ilions Boden betrat?

huc Iole Pyrrhique parens, huc Herculis uxor,   405
    huc accedat Hylas Iliacusque puer.
tempore deficiar, tragicos si persequar ignes,
    vixque meus capiet nomina nuda liber.
est et in obscenos commixta tragoedia risus,
    multaque praeteriti verba pudoris habet;   410
nec nocet auctori, mollem qui fecit Achillem,
    infregisse suis fortia facta modis.
iunxit Aristides Milesia crimina secum,
    pulsus Aristides nec tamen urbe sua est.
nec qui descripsit corrumpi semina matrum,   415
    Eubius, impurae conditor historiae,
nec qui composuit nuper Sybaritica, fugit,
    nec qui concubitus non tacuere suos.
suntque ea doctorum monumentis mixta virorum,
    muneribusque ducum publica facta patent.   420
neve peregrinis tantum defendar ab armis,
    et Romanus habet multa iocosa liber.
utque suo Martem cecinit gravis Ennius ore –
    Ennius ingenio maximus, arte rudis –
explicat ut causas rapidi Lucretius ignis,   425
    casurumque triplex vaticinatur opus,
sic sua lascivo cantata est saepe Catullo
    femina, cui falsum Lesbia nomen erat;
nec contentus ea, multos vulgavit amores,
    in quibus ipse suum fassus adulterium est.   430
par fuit exigui similisque licentia Calvi,
    detexit variis qui sua furta modis.

Iole trete, die Mutter des Pyrrhus, des Hercules Gattin,   405
  Hylas trete sodann nebst Ganymedes hinzu!
Zeit gebricht mir, die tragischen Leidenschaften zu sichten:
  schon für die Namen allein hätte mein Buch nicht
                                den Raum.
Manche Tragödien sind verquickt mit dem Lachen der
                                Unzucht,
  künden mit manchem Wort, daß man der Scham sich
                                entschlug,   410
und dem Verfasser schadet es nicht, der verbuhlt den
                                Achilles
  zeigt, daß er Taten der Kraft schmälert in seinem Gedicht.
Untereinander verknüpft Aristides milesische Frevel;
  doch Aristides, er ward nicht aus der Heimat verbannt.
Eubius, der die Vernichtung von Leibesfrüchten
                                geschildert,   415
  der in seinem Gedicht schmutzige Dinge erzählt,
floh nicht, noch jener, der »Sybaritica« kürzlich verfaßt hat,
  auch jene anderen nicht, die ihre Buhlschaft gestehn.
All dies steht neben Werken von großen Dichtern, und
                                Herrscher
  tragen freigebig bei, daß es den Leser erreicht.   420
Und nicht allein mit fremden Waffen sei ich verteidigt:
  auch manch römisches Buch bietet des Schlüpfrigen viel.
Ja, wie Ennius singt von Mars im eigenen Tone,
  Ennius, mächtig an Geist, aber noch roh in der Kunst,
wie Lucretius deutet den Ursprung fressenden Feuers,   425
  sagt der dreifachen Welt ihre Zerstörung voraus,
so hat der lockre Catull oft seine Geliebte besungen,
  die er in seinem Gedicht Lesbia fälschlich genannt,
und nicht zufrieden mit ihr, gibt er mancherlei Liebschaft
                                zum besten,
  hat seinen Ehebruch selbst in den Gedichten
                                bekannt.   430
Gleich ist an Frechheit ihm der winzige Calvus gekommen,
  der in verschiedenster Form uns seine Streiche enthüllt.

quid referam Ticidae, quid Memmi carmen, apud quos
   rebus adest nomen nominibusque pudor?
Cinna quoque his comes est, Cinnaque procacior Anser,   435
   et leve Cornifici parque Catonis opus.
et quorum libris modo dissimulata Perillae
   nomine, nunc legitur dicta, Metelle, tuo.
is quoque, Phasiacas Argon qui duxit in undas,
   non potuit Veneris furta tacere suae.   440
nec minus Hortensi, nec sunt minus improba Servi
   carmina. quis dubitet nomina tanta sequi?
vertit Aristiden Sisenna, nec obfuit illi
   historiae turpis inseruisse iocos.
non fuit opprobrio celebrasse Lycorida Gallo,   445
   sed linguam nimio non tenuisse mero.
credere iuranti durum putat esse Tibullus,
   sic etiam de se quod neget illa viro.
fallere custodem dominam docuisse fatetur,
   seque sua miserum nunc ait arte premi.   450
saepe, velut gemmam dominae signumve probaret,
   per causam meminit se tetigisse manum;
utque refert, digitis saepe est nutuque locutus,
   et tacitam mensae duxit in orbe notam;
et quibus e sucis abeat de corpore livor,   455
   impresso fieri qui solet ore, docet:

Soll ich von Ticidas reden, von Memmius, deren Gedichte
  Dinge mit Namen genannt, Namen mit Schande
                bedeckt?
Cinna gesellt sich zu ihnen und, dreister als Cinna
                noch, Anser,   435
  auch Cornificius' Werk, locker wie Catos Poem,
sie auch, in deren Büchern sich die unterm Namen Perilla
  barg, die, Metellus, nach dir heute Metella genannt.
Der auch, der in die Fluten des Phasis führte die »Argo«,
  hat seinen Liebesgenuß nicht zu verschweigen
                vermocht.   440
Ebenso zweideutig sind Hortensius', Servius' Lieder;
  doch wen blenden wohl nicht Namen von solchem
                Gewicht?
Des Aristides Gedicht übersetzte Sisenna und fügte
  eigene Späße hinzu; aber es schadet' ihm nicht.
Gallus gereichte es nicht zur Schande, Lycoris zu
                preisen,   445
  wohl aber daß er beim Trunk nicht seine Zunge
                gezähmt.
Der zu vertrauen, die schwört, das hält Tibullus für
                mißlich,
  weil sie ja selber auch ihn so ihrem Manne verhehlt.
Daß er die Herrin gelehrt hat, den Wächter zu täuschen,
                bekennt er,
  jetzt aber setze man ihm zu mit der eigenen List.   450
Oft, als wolle er prüfen den Stein oder Ring der Geliebten,
  hat er dabei, wie er sagt, gern ihre Finger berührt,
ja, er erzählt, daß er oft durch Winke und Blicke
                gesprochen
  und auf das Rund des Tischs schweigsame Zeichen
                gemalt;
wie man mit Säften den Fleck vom Körper beseitigt,
                belehrt er,   455
  der auf der Haut entsteht, wenn man sie preßt mit
                dem Mund;

denique ab incauto nimium petit ille marito,
    se quoque uti servet, peccet ut illa minus.
scit, cui latretur, cum solus obambulet, ipsas
    cur totiens clausas excreet ante fores,   460
multaque dat furti talis praecepta docetque
    qua nuptae possint fallere ab arte viros.
non fuit hoc illi fraudi, legiturque Tibullus
    et placet, et iam te principe notus erat.
invenies eadem blandi praecepta Properti: 465
    destrictus minima nec tamen ille nota est.
his ego successi, quoniam praestantia candor
    nomina vivorum dissimulare iubet.
non timui, fateor, ne, qua tot iere carinae,
    naufraga servatis omnibus una foret.   470
sunt aliis scriptae, quibus alea luditur, artes –
    hoc est ad nostros non leve crimen avos –,
quid valeant tali, quo possis plurima iactu
    figere, damnosos effugiasque canes;
tessera quos habeat numeros, distante vocato   475
    mittere quo deceat, quo dare missa modo;
discolor ut recto grassetur limite miles,
    cum medius gemino calculus hoste perit,
ut dare bella sequens sciat et revocare priorem,
    nec tuto fugiens incomitatus eat;   480

schließlich verlangt er vom allzu unvorsichtigen Gatten,
    achten auf ihn soll er gar: seltner dann sündige sie,
weiß um das Bellen des Hunds, wenn allein man
                      heranschleicht, und wie man
vor der verschlossenen Tür räuspernd bemerkbar sich
                      macht;   460
vielerlei Winke für solchen Betrug erteilt er und lehrt
                      auch,
wie eine Gattin mit List ihren Gemahl hintergeht.
Ihm gereichte das nicht zum Tadel: Tibull wird gelesen,
    und er gefällt, und er war, als du schon herrschtest,
                      berühmt.
Auch beim Verführer Properz wirst die nämlichen
                      Lehren du finden: 465
    keinerlei Tadel indes wurde dafür ihm zuteil;
ich aber folgte auf sie – da redlicher Sinn die bekannten
    Namen der Lebenden ja mir zu verschweigen befiehlt.
Doch ich befürchtete nicht, daß, wo all diese Schiffe
                      gefahren,
    alle bewahrt sind, eins aber zum Scheitern bestimmt.   470
Andere haben die Kunst, mit dem Würfel zu spielen,
                      beschrieben –
    nicht als leichtes Vergehn sahen die Väter das an –,
wieviel die Knöchel gelten, durch welchen Wurf man
                      das meiste
einnimmt, wie man es macht, daß man dem »Hunde«
                      entrinnt,
welche Zahlen der Würfel uns zeigt, wie man vor
                      seinem Wurfe   475
    ansagt, wie man geschickt weiter die Würfel dann reicht,
wie der bunte »Soldat« auf der richtigen Bahn sich
                      heranschleicht,
    wenn ein Stein sich bedroht sieht von dem doppelten
                      »Feind«,
wie der folgende Kampf ansagt und den ersten zurückruft
    und auf gesicherter Flucht ohne Begleiter nicht geht,   480

parva sit ut ternis instructa tabella lapillis,
   in qua vicisse est continuasse suos;
quique alii lusus – neque enim nunc persequar omnes –
   perdere, rem caram, tempora nostra solent.
ecce canit formas alius iactusque pilarum,   485
   hic artem nandi praecipit, ille trochi.
composita est aliis fucandi cura coloris;
   hic epulis leges hospitioque dedit;
alter humum, de qua fingantur pocula, monstrat,
   quaeque, docet, liquido testa sit apta mero.   490
talia luduntur fumoso mense Decembri,
   quae damno nulli composuisse fuit.
his ego deceptus non tristia carmina feci,
   sed tristis nostros poena secuta iocos.
denique nec video tot de scribentibus unum,   495
   quem sua perdiderit Musa; repertus ego.
quid, si scripsissem mimos obscena iocantes,
   qui semper vetiti crimen amoris habent,
in quibus assidue cultus procedit adulter,
   verbaque dat stulto callida nupta viro?   500
nubilis hos virgo matronaque virque puerque
   spectat, et ex magna parte senatus adest.

wie auf winzigem Brett mit je drei Steinen gespielt wird,
   wo dann gewinnt, wer zuerst bringt in die Reihe die
          drei,
und was an Spielen wohl sonst – ich will sie nicht alle
          hier nennen –
   unseren teuren Besitz, unsere Zeit, nur vertut.
Sieh doch: ein andrer besingt die Formen und Würfe
          der Bälle,   485
   jener hat Reifenspiel, dieser das Schwimmen gelehrt;
andere haben in Versen das Schminkverfahren geschildert;
   der hat Gesetze für Schmaus und für Bewirtung
          verfaßt,
jener beschreibt den Ton, der sich eignet, um Becher zu
          formen,
   lehrt auch, welches Gefäß paßt zur Bewahrung des
          Weins: 490
derart Spiele betreibt man beim Rauch des Kamins im
          Dezember –
   drüber zu schreiben, das hat keinem noch Schaden
          gebracht.
Dadurch verleitet, hab' ich Gedichte gemacht, die nicht
          traurig,
   aber es brachte mein Scherz traurige Strafe mir ein;
schließlich sehe ich unter den Schreibenden allen nicht
          einen,   495
   dem seine Kunst zum Verderb wurde: man findet nur
          mich.
Hätt' ich nun Schwänke geschrieben, in denen mit Unzucht
          gescherzt wird,
   wo mit verbotener Lust frevelnde Spiele man treibt
und in denen beständig im Putz sich zeigen die Buhler,
   wo die durchtriebene Frau törichte Männer
          beschwatzt?   500
Damen und mannbare Mädchen und Männer und
          Jünglinge sehn das
   alles: ein großer Teil auch des Senats ist dabei.

nec satis incestis temerari vocibus aures;
   adsuescunt oculi multa pudenda pati:
cumque fefellit amans aliqua novitate maritum,   505
   plauditur et magno palma favore datur;
quoque minus prodest, scaena est lucrosa poetae,
   tantaque non parvo crimina praetor emit.
inspice ludorum sumptus, Auguste, tuorum:
   empta tibi magno talia multa leges.   510
haec tu spectasti spectandaque saepe dedisti –
   maiestas adeo comis ubique tua est –
luminibusque tuis, totus quibus utitur orbis,
   scaenica vidisti lentus adulteria.
scribere si fas est imitantes turpia mimos,   515
   materiae minor est debita poena meae.
an genus hoc scripti faciunt sua pulpita tutum,
   quodque licet, mimis scaena licere dedit?
et mea sunt populo saltata poemata saepe,
   saepe oculos etiam detinuere tuos.   520
scilicet in domibus nostris ut prisca virorum
   artificis fulgent corpora picta manu,
sic quae concubitus varios Venerisque figuras
   exprimat, est aliquo parva tabella loco.
utque sedet vultu fassus Telamonius iram,   525
   inque oculis facinus barbara mater habet,

Und es genügt nicht, das Ohr zu verletzen durch
                              schmutzige Reden:
   Schamloses anzusehn wird auch das Auge gewöhnt.
Täuscht der Liebhaber dann durch ein neues Kunststück
                              den Gatten,   505
      klatscht man und gibt unter viel Beifallsgeschrei ihm
                              den Preis.
Aber, wie unnütz das Spiel, dem Verfasser verhilft's
                              zum Gewinne:
   werden die Laster ihm doch teuer vom Prätor bezahlt.
Prüfe, Augustus, nur noch den Aufwand all deiner Spiele:
   lesen wirst du, wie oft solche du teuer erkauft.   510
All dies hast du gesehn und hast es zu sehen gestattet –
   immer so gnädig ist ja deine Erhabenheit stets –,
und deine Augen, die sonst einem Weltreich dienen
                              zum Heile,
   sahen gelassen mit an, wie auf der Bühne man buhlt.
Wenn es erlaubt ist, ein Spiel zu verfassen, das Schamloses
                              darstellt,   515
   hab' ich durch das, was ich schrieb, mildere Strafe
                              verdient.
Oder beschützt das Bühnengerüst ein solches
                              Geschreibsel?
   Wird, was im Mimus geschehn darf, von der Szene
                              erlaubt?
Oft wurden meine Gedichte dem Volk unter Tänzen
                              gesungen,
   haben so oft auch dein Auge zu fesseln vermocht.   520
Ja, wie in unseren Häusern die Heldengestalten
                              erstrahlen,
   die eines Künstlers Hand malte in früherer Zeit,
so hat auch irgendwo ein kleines Bild seinen Platz dort,
   das der Liebe Genuß zeigt in verschiedenster Form.
Und wie des Telamonsohnes Zorn in der Miene sich
                              kundtut,   525
   wie die barbarische Tat steht in Medeas Gesicht,

sic madidos siccat digitis Venus uda capillos,
   et modo maternis tecta videtur aquis.
bella sonant alii telis instructa cruentis,
   parsque tui generis, pars tua facta canunt.   530
invida me spatio natura coercuit arto,
   ingenio vires exiguasque dedit.
et tamen ille tuae felix Aeneidos auctor
   contulit in Tyrios arma virumque toros,
nec legitur pars ulla magis de corpore toto,   535
   quam non legitimo foedere iunctus amor.
Phyllidis hic idem teneraeque Amaryllidis ignes
   bucolicis iuvenis luserat ante modis.
nos quoque iam pridem scripto peccavimus isto:
   supplicium patitur non nova culpa novum;   540
carminaque edideram, cum te delicta notantem
   praeterii totiens iure citatus eques.
ergo quae iuvenis mihi non nocitura putavi
   scripta parum prudens, nunc nocuere seni.
sera redundavit veteris vindicta libelli,   545
   distat et a meriti tempore poena sui.
ne tamen omne meum credas opus esse remissum,
   saepe dedi nostrae grandia vela rati.
sex ego Fastorum scripsi totidemque libellos,
   cumque suo finem mense volumen habet,   550

trocknet Venus, noch naß, mit den Fingern die
triefenden Haare:
  eben noch war sie vom Meer mütterlich hegend umhüllt.
Andre verkünden den Krieg, der mit blutigen Waffen
geführt wird,
  preisen die Taten, die du oder die Deinen vollbracht. 530
Neidisch hat die Natur auf ein schmales Gebiet mich
verwiesen,
  und nur gering ist die Kraft, die sie verlieh meinem
Geist;
dennoch läßt auch der glückliche Dichter deiner Aeneis
  »Mann und Waffen« den Weg finden aufs tyrische
Bett,
und kein Teil wird mehr von dem ganzen Werke
gelesen 535
  als jener Liebe Verlauf, die kein gesetzlicher Bund.
Er auch hatte im Hirtengedicht Amaryllis' und Phyllis'
  zärtliche Gluten zuvor scherzend als Jüngling erzählt.
Ich habe selbst schon früh mit jenem Buche gesündigt:
  neu ist nicht das Vergehn, aber die Strafe ist neu. 540
Dichtungen gab ich heraus, schon eh ich als Reiter vor
deinen
  musternden Blicken so oft zog, nach der Ordnung,
vorbei.
Törichtes Schreibwerk also, von dem ich als Jüngling
nicht glaubte,
  daß es mich schädigen kann, schadet mir nun, da ich alt.
Spät erst hat für das frühere Werk sich die Strafe
ergossen: 545
  zeitlich gar weit von der Schuld ist ihre Sühne getrennt.
Aber damit du nicht glaubst, daß all meine Werke nur
tändeln:
  oft hab' ich schon meinem Schiff größere Segel gesetzt.
Sechs der »Festzeiten« hab' ich und gleichviel Bücher
geschrieben,
  und einen Monat umfaßt jede der Rollen genau; 550

idque tuo nuper scriptum sub nomine, Caesar,
 et tibi sacratum sors mea rupit opus;
et dedimus tragicis sceptrum regale tyrannis,
 quaeque gravis debet verba cothurnus habet;
dictaque sunt nobis, quamvis manus ultima coeptis   555
 defuit, in facies corpora versa novas.
atque utinam revoces animum paulisper ab ira,
 et vacuo iubeas hinc tibi pauca legi,
pauca, quibus prima surgens ab origine mundi
 in tua deduxi tempora, Caesar, opus!   560
aspicies, quantum dederis mihi pectoris ipse,
 quoque favore animi teque tuosque canam.
non ego mordaci destrinxi carmine quemquam,
 nec meus ullius crimina versus habet.
candidus a salibus suffusis felle refugi: 565
 nulla venenato littera mixta ioco est.
inter tot populi, tot scriptis, milia nostri,
 quem mea Calliope laeserit, unus ero.
non igitur nostris ullum gaudere Quiritem
 auguror, at multos indoluisse malis;   570
nec mihi credibile est, quemquam insultasse iacenti
 gratia candori si qua relata meo est.

dies hab' ich deinem Namen, o Kaiser, vor kurzem
gewidmet;
doch mein Geschick unterbrach, was ich dir hatte
geweiht.
Auch den Tyrannen der tragischen Bühne verlieh ich
das Szepter,
wie sie der ernste Kothurn braucht, ist die Sprache
des Werks.
Ferner behandelte ich – dem Begonnenen fehlt zwar die
letzte 555
Feile – die Wesen, die sich wandeln zu neuer Gestalt.
Ließest du doch deinen Sinn sich des Zorns eine Weile
enthalten
und, wenn du Zeit hast, dir weniges lesen daraus,
nur daß du siehst, wie, bei der Entstehung des Weltalls
beginnend,
ich bis in deine Zeit, Kaiser, die Dichtung geführt! 560
Dann wirst du sehen, wie sehr du selbst mich mit Liebe
erfüllt hast,
wie meiner Huldigung Sang dir und den Deinigen gilt.
Niemanden hab' ich je durch beißende Verse verunglimpft,
und meine Dichtung hat nie jemandem Tadel erteilt:
rein vom gallegetränkten Spott hab' ich stets mich
gehalten; 565
nicht mit vergiftetem Witz ist meine Dichtung gemischt.
Nein, unter all unserm Volk und in allem, was je ich
geschrieben,
werd' ich der einzige sein, den meine Muse gekränkt.
Drum, so vermut' ich, wird keiner der Römer sich über
mein Unglück
freuen, doch mancher ist wohl über mein Schicksal
betrübt. 570
Glaublich erscheint es mir nicht, daß einer des Elenden
spotte,
wenn man es irgend mir dankt, daß ich mich redlich
erwies.

his, precor, atque aliis possint tua numina flecti,
　　o pater, o patriae cura salusque tuae!
non ut in Ausoniam redeam, nisi forsitan olim,　　　　　　575
　　cum longo poenae tempore victus eris:
tutius exilium pauloque quietius oro,
　　ut par delicto sit mea poena suo.

III 1

'Missus in hanc venio timide liber exulis urbem:
　　da placidam fesso, lector amice, manum;
neve reformida, ne sim tibi forte pudori:
　　nullus in hac charta versus amare docet.
haec domini fortuna mei est, ut debeat illam　　　　　　5
　　infelix nullis dissimulare iocis.
id quoque, quod viridi quondam male lusit in aevo,
　　heu nimium sero damnat et odit opus!
inspice quid portem: nihil hic nisi triste videbis,
　　carmine temporibus conveniente suis.　　　　　　10
clauda quod alterno subsidunt carmina versu,
　　vel pedis hoc ratio, vel via longa facit;
quod neque sum cedro flavus nec pumice levis,
　　erubui domino cultior esse meo;

Könnte doch, fleh' ich, durch dies und andres dein
                     Wille sich wandeln,
  Vater, des Vaterlands Schützer und einziges Heil!
Nicht nach Italien will ich zurück, es sei denn in Zukunft,
  wenn der Bestrafung schon lang dauernde Pein dich
                     besiegt: 576
nur ein wenig geschützter und friedlicher sei die
                     Verbannung,
  daß dem Maß meiner Schuld auch meine Sühne
                     entspricht!

III 1

»Zagend betret' ich die Stadt, des Verbannten Buch, der
                     mich sendet:
  reiche mir Müdem die Hand friedlich, mein Leser
                     und Freund!
Schaudre auch nicht zurück, als müßtest du meiner dich
                     schämen:
  nicht ein Vers dieses Buchs predigt den Liebesgenuß.
Derart ist das Geschick meines Herrn, daß, vom
                     Unglück getroffen,   5
  er durch keinerlei Spiel es zu verheimlichen braucht.
Das auch, was er in grünender Jugend übel gescherzt hat,
  leider nur allzu spät haßt und verurteilt er's jetzt.
Sieh doch zu, was ich bringe! Du wirst nur Trauriges
                     finden,
  da seine Dichtung ja doch seinen Geschicken entspricht.
Daß diese Dichtungen hinkend mit zweierlei Versen
                     einhergehn,   11
  kommt von des Versmaßes Art oder der Weite des Wegs.
Weder hat Zedernöl mich gefärbt noch geglättet der
                     Bimsstein,
  hab' ich mich doch geschämt, schöner zu sein als
                     mein Herr.

littera suffusas quod habet maculosa lituras,   15
    laesit opus lacrimis ipse poeta suum.
siqua videbuntur casu non dicta Latine,
    in qua scribebat, barbara terra fuit.
dicite, lectores, si non grave, qua sit eundum,
    quasque petam sedes hospes in urbe liber.'   20
haec ubi sum furtim lingua titubante locutus,
    qui mihi monstraret, vix fuit unus, iter.
'di tibi dent, nostro quod non tribuere poetae,
    molliter in patria vivere posse tua.
duc age! namque sequar, quamvis terraque marique   25
    longinquo referam lassus ab orbe pedem.'
paruit, et ducens 'haec sunt fora Caesaris' inquit,
    'haec est a sacris quae via nomen habet,
hic locus est Vestae, qui Pallada servat et ignem,
    haec fuit antiqui regia parva Numae.'   30
inde petens dextram 'porta est' ait 'ista Palati,
    hic Stator, hoc primum condita Roma loco est.'
singula dum miror, video fulgentibus armis
    conspicuos postes tectaque digna deo.
et 'Iovis haec' dixi 'domus est?' quod ut esse putarem,   35
    augurium menti querna corona dabat.

Wenn meine Schrift durch Flecken verunziert oder
                                   verwischt ist,   15
  kommt's, weil der Dichter selbst Tränen vergoß auf
                               sein Werk.
Sollte zuweilen ein Wort nicht gut lateinisch erscheinen,
  wisse man: dort, wo er schrieb, ist ein barbarisches
                               Land.
Sagt mir, wenn's euch nicht lästig, ihr Leser, wohin ich
                             denn gehn soll:
  welche Behausung in Rom such' ich, der Fremdling,
                           das Buch?«   20
Leider, nachdem ich solches mit stammelnder Zunge
                            gesprochen,
  fand sich ein einziger kaum, welcher die Wege mir wies.
»Dir mögen Götter verleihn, was sie unserem Dichter
                           versagten:
  leben zu dürfen bequem hier in dem heimischen Land!
Führe mich denn! Ich folge, wie sehr auch die Länge
                        des Heimwegs   25
  mir auf der See und dem Land habe die Füße
                         geschwächt.«
Fügsam führt' er und sagte: »Dies sind die Foren des
                         Caesar,
  dies der Heilige Weg, der nach den Tempeln sich nennt.
Dies ist Vestas Sitz, der die Pallas bewahrt und das Feuer;
  dies war in ältester Zeit Numas bescheidner Palast.«   30
Dann, sich wendend nach rechts: »Dort ist des
                       Palatiums Pforte;
  Stator ist dies, und hier ward einst gegründet die Stadt.«
Während ich alles bewundre, erblick' ich, funkelnd von
                        Waffen,
  wuchtige Pfosten, ein Haus, wert, daß ein Gott es
                       bewohnt:
»Ist dies Juppiters Wohnung?« so fragt' ich; auf diese
                       Vermutung   35
  hatte ein Eichenkranz meine Gedanken gebracht.

cuius ut accepi dominum, 'non fallimur' inquam,
　　'et magni verum est hanc Iovis esse domum.
cur tamen opposita velatur ianua lauro,
　　cingit et augustas arbor opaca fores?　　　　　　　　　40
num quia perpetuos meruit domus ista triumphos,
　　an quia Leucadio semper amata deo est?
ipsane quod festa est, an quod facit omnia festa?
　　quam tribuit terris, pacis an ista nota est?
utque viret semper laurus nec fronde caduca　　　　　　45
　　carpitur, aeternum sic habet illa decus?
causa superpositae scripto est testata coronae:
　　servatos cives indicat huius ope.
adice servatis unum, pater optime, civem,
　　qui procul extremo pulsus in orbe latet,　　　　　　　50
in quo poenarum, quas se meruisse fatetur,
　　non facinus causam, sed suus error habet.
me miserum! vereorque locum vereorque potentem,
　　et quatitur trepido littera nostra metu.
aspicis exsangui chartam pallere colore?　　　　　　　　55
　　aspicis alternos intremuisse pedes?
quandocumque, precor, nostro placere parenti
　　isdem et sub dominis aspiciare domus!'

Als ich begriff, wer sein Herr ist, da sagt' ich: »Wir sind
nicht im Irrtum,
und es ist wahr: es bewohnt Juppiters Macht dieses
Haus.
Aber was drängt sich, die Türe bedeckend, ein Lorbeer
dagegen,
und was umschließt eines Baums Schatten die heilige
Tür?   40
Ist's, weil dies Haus unaufhörliche Feste des Sieges
verdient hat?
Oder weil es geliebt wird vom leukadischen Gott?
Weil es festlich an sich, oder weil es alles zum Fest macht?
Ist es des Friedens Mal, den es der Erde geschenkt?
Und, wie beständig der Lorbeer grünt und das Laub
ihm nicht abfällt,   45
wenn man ihn pflückt, wird das Haus prangen in
ewiger Zier?
Schriftzeichen künden, warum diese Tür mit dem
Kranze gekrönt ist:
Er hat durch seine Gewalt, heißt es, die Bürger bewahrt.
Bester Vater, nur Einen geselle noch zu den Bewahrten,
der sich am Ende der Welt als ein Verstoßner
verbirgt,   50
der die Bestrafungen, die er verdient zu haben nicht
leugnet,
nicht einer frevelnden Tat, nur einer Irrung verdankt.
Weh über mich! Ich scheue den Ort und scheue den
Herrscher,
und von der quälenden Furcht sind meine Zeilen
durchbebt.
Siehst du die ganze Rolle zu blutloser Farbe erblassen?   55
Siehst du den wechselnden Vers schreiten mit
zitterndem Fuß?
Irgendeinmal, so fleh' ich, versöhne dich meinem Erzeuger:
unter dem jetzigen Herrn lass' ihn noch schauen dich,
Haus!«

inde tenore pari gradibus sublimia celsis
    ducor ad intonsi candida templa dei,   60
signa peregrinis ubi sunt alterna columnis,
    Belides et stricto barbarus ense pater,
quaeque viri docto veteres cepere novique
    pectore, lecturis inspicienda patent.
quaerebam fratres, exceptis scilicet illis,   65
    quos suus optaret non genuisse pater.
quaerentem frustra custos me sedibus illis
    praepositus sancto iussit abire loco.
altera templa peto, vicino iuncta theatro:
    haec quoque erant pedibus non adeunda meis.   70
nec me, quae doctis patuerunt prima libellis,
    atria Libertas tangere passa sua est.
in genus auctoris miseri fortuna redundat,
    et patimur nati, quam tulit ipse, fugam.
forsitan et nobis olim minus asper et illi   75
    evictus longo tempore Caesar erit.
di, precor, atque adeo – neque enim mihi turba roganda est –
    Caesar, ades voto, maxime dive, meo!
interea, quoniam statio mihi publica clausa est,
    privato liceat delituisse loco.   80
vos quoque, si fas est, confusa pudore repulsae
    sumite plebeiae carmina nostra manus.

Ohne Verweilen dann geht es zum strahlenden Tempel
des Gottes
    mit dem wallenden Haar mächtige Stufen empor.   60
Standbilder wechseln mit griechischen Säulen daselbst:
die Beliden
    sind's und ihr Vater, sein Schwert zückend, ein roher
Barbar.
Lesenden steht dort zum Einblick offen, was alte und neue
    Dichter mit Kunst und Verstand jemals gedacht und
verfaßt.
Nach meinen Brüdern fragt' ich, jedoch nicht nach
jenen, versteht sich,   65
    denen ihr Vater jetzt wünscht, daß er sie niemals gezeugt;
aber ich fragte umsonst, und der Wächter, dem der geweihte
    Raum unterstellt ist, befahl, daß ich verließe das Haus.
Andere Tempel besucht' ich, dem nahen Theater
verbundne:
    hier auch war meinem Fuß leider der Zutritt
verwehrt,   70
und auch die Göttin der Freiheit gestattete mir ihre
Wohnung
    nicht zu betreten, die einst Bücher als erste doch barg.
Elenden Vaters Geschick erstreckt auf sein ganzes
Geschlecht sich,
    und die Verbannung, die er litt, wird uns Kindern zuteil.
Uns wie ihm wird der Kaiser vielleicht einst weniger
streng sich   75
    zeigen, wenn mit der Zeit endlich sein Zürnen vergeht.
Götter, ich flehe, vielmehr – denn ich muß ja zu allen
nicht beten –
    Kaiser, sei meinem Flehn, mächtige Gottheit, geneigt!
Jetzt aber, da mir ja doch eine staatliche Stätte versperrt ist,
    sei mir im Bürgerhaus mich zu verstecken erlaubt!   80
Ihr auch, wenn es erlaubt ist, empfangt, ihr Hände des
Volkes,
    meine Gedichte, die Scham fühlen, weil man sie verstößt!

III 8

Nunc ego Triptolemi cuperem consistere curru,
    misit in ignotam qui rude semen humum;
nunc ego Medeae vellem frenare dracones,
    quos habuit fugiens arce, Corinthe, tua;
nunc ego iactandas optarem sumere pennas,   5
    sive tuas, Perseu, Daedale, sive tuas:
ut tenera nostris cedente volatibus aura
    aspicerem patriae dulce repente solum,
desertaeque domus vultus, memoresque sodales,
    caraque praecipue coniugis ora meae.   10
stulte, quid haec frustra votis puerilibus optas,
    quae non ulla tibi fertque feretque dies?
si semel optandum est, Augusti numen adora,
    et, quem sensisti, rite precare deum.
ille tibi pennasque potest currusque volucres   15
    tradere: det reditum, protinus ales eris.
si precer hoc – neque enim possum maiora rogare –
    ne mea sint, timeo, vota modesta parum.
forsitan hoc olim, cum iam satiaverit iram,
    tum quoque sollicita mente rogandus erit.   20
quod minus, interea est instar mihi muneris ampli:
    ex his me iubeat quolibet ire locis.

III 8

Heute wünschte ich mir, auf Triptolemus' Wagen zu stehen,
   der eine keimende Saat senkt' in Gefild, das ihr fremd;
heut auch wollt' ich, ich dürfte gebieten den Drachen
                      Medeas,
   die sie gelenkt auf der Flucht aus der korinthischen Burg;
heute wünschte ich Federn zu haben und Flügel zu
                      schwingen,   5
   sei es nun, Perseus, wie du oder wie, Daedalus, du,
daß, wenn die lockere Luft meinen Flugbewegungen
                      nachgibt,
   plötzlich des Heimatlands Boden vor Augen mir kommt
und des verlassenen Hauses Anblick, die treuen Gefährten,
   allen voran meiner Frau teures und liebes Gesicht!   10
Narr, wie kommst du dazu, solch kindische Wünsche
                      zu hegen,
   die dir kein einziger Tag je zu erfüllen vermag?
Wenn schon gewünscht sein muß, so bete doch zu des
                      Erlauchten
   Macht, die an dir du erfuhrst: bitte den Gott, wie's
                      geziemt!
Er nur kann Schwingen und kann dir geflügelte Wagen
                      verleihen: 15
   schenkt er dir Heimkehr, schon tragen dich Flügel
                      hinweg.
Flehe ich so – und Größeres könnt' ich freilich nicht
                      bitten –,
   fürcht' ich, daß mein Gebet wenig bescheiden erscheint;
einstmals darf man vielleicht, wenn er längst seinen Zorn
                      schon gesättigt,
   und mit Besorgnis auch dann, solches erflehen von
                      ihm.   20
Auch ein Geringeres wird mir inzwischen ein großes
                      Geschenk sein:
   wenn er mich heißt von hier ziehn in ein andres Gebiet.

nec caelum nec aquae faciunt nec terra nec aurae;
    ei mihi, perpetuus corpora languor habet!
seu vitiant artus aegrae contagia mentis,   25
    sive mei causa est in regione mali,
ut tetigi Pontum, vexant insomnia, vixque
    ossa tegit macies nec iuvat ora cibus;
quique per autumnum percussis frigore primo
    est color in foliis, quae nova laesit hiems,   30
is mea membra tenet, nec viribus adlevor ullis,
    et numquam queruli causa doloris abest.
nec melius valeo, quam corpore, mente, sed aegra est
    utraque pars aeque binaque damna fero.
haeret et ante oculos veluti spectabile corpus   35
    astat fortunae forma legenda meae;
cumque locum moresque hominum cultusque sonumque
    cernimus, et, qui sim qui fuerimque, subit,
tantus amor necis est, querar ut cum Caesaris ira,
    quod non offensas vindicet ense suas.   40
at, quoniam semel est odio civiliter usus,
    mutato levior sit fuga nostra loco.

Weder Gewässer noch Himmel noch Luft noch Erde
ertrag' ich:
weh mir, beständig hält Schwäche den Körper in Bann!
Ob nun mein krankes Gemüt sich mir schwer auf die
Glieder gelegt hat,   25
ob es die Gegend ist, die mich so elend gemacht,
seit ich zum Pontus gekommen, verfolgen mich
Träume, ich bin nur
Haut und Knochen, es schmeckt keinerlei Speise mir
mehr,
und auch die Farbe, mit welcher der Herbst bei
beginnender Kühle
all die Blätter durchdringt, die schon der Winter
versehrt,   30
hält meine Glieder gepackt, und ich kann mich nicht
wieder erholen:
Grund zu kläglicher Pein habe ich immer genug.
Besser nicht geht's meinem Geist als dem Körper, sondern
erkrankt sind
alle beide, und so duld' ich verdoppeltes Weh;
nimmer verläßt mich auch und gleichsam leibhaft vor
Augen,   35
könnte man sagen, erscheint mir meines Schicksals
Gestalt:
wenn ich den Ort dann, die Sitten, die Bildung und Sprache
der Menschen
ansehn muß und mir fällt ein, was ich bin, was ich war,
sehn' ich mich so nach dem Tod, daß ich zürne der
Rache des Kaisers,
weil er nicht mit dem Schwert mich für die Kränkung
bestraft;   40
doch, da er nun einmal im Haß sich milde erwiesen,
nehme ein Wechsel des Orts meiner Verbannung die
Qual!

III 10

Siquis adhuc istic meminit Nasonis adempti,
   et superest sine me nomen in urbe meum,
suppositum stellis numquam tangentibus aequor
   me sciat in media vivere barbaria.
Sauromatae cingunt, fera gens, Bessique Getaeque,   5
   quam non ingenio nomina digna meo!
dum tamen aura tepet, medio defendimur Histro:
   ille suis liquidus bella repellit aquis.
at cum tristis hiems squalentia protulit ora,
   terraque marmoreo est candida facta gelu,   10
† dum prohibet Boreas et nix habitare sub Arcto,
   tum patet has gentes axe tremente premi †
nix iacet, et iactam ne sol pluviaeque resolvant,
   indurat Boreas perpetuamque facit.
ergo ubi deliciut nondum prior, altera venit,   15
   et solet in multis bima manere locis;
tantaque commoti vis est Aquilonis, ut altas
   aequet humo turres tectaque rapta ferat.
pellibus et sutis arcent mala frigora bracis,
   oraque de toto corpore sola patent.   20
saepe sonant moti glacie pendente capilli,
   et nitet inducto candida barba gelu;

III 10

Wenn des entrissenen Naso noch heut dort jemand
gedenk ist
und wenn mein Name auch jetzt ohne mich lebt in
der Stadt,
wisse man, daß unter Sternen, die niemals berühren des
Meeres
Spiegel, ich leben muß tief im barbarischen Land!
Rings die Sarmaten, ein Volk von Wilden, die Bessen,
die Geten,   5
Namen von widrigem Klang, meines Gesanges nicht
wert!
Freilich bei warmer Luft ist die Donau ein schützendes
Hemmnis:
sie, solange sie fließt, hält uns die Kriege vom Leib;
aber wenn traurig der Winter sein starrendes Antlitz
uns zukehrt
und wenn die Erde dann weiß wurde im marmornen
Frost,   10
eisige Stürme und Schnee verbieten, im Norden zu hausen,
treibt der schaurige Pol leicht diese Völker herbei.
Jetzt liegt Schnee, und damit weder Sonne noch Regen
ihn auflöst,
härtet der Nordwind ihn, macht ihn beständig und fest.
Drum, wo der erste noch nicht zerschmilzt, eh der
zweite gekommen,   15
bleibt er an manchem Ort meistens zwei Jahre hindurch,
und so groß ist die Macht des erregten Sturms, daß er hohe
Türme zu Boden wirft oder die Dächer entführt.
Felle trägt man, genähte Hosen zum Schutz vor der Kälte,
und von dem ganzen Leib sieht man dann nur das
Gesicht;   20
oftmals klirren im Wind die vom Reife behafteten Haare,
und es erglänzt der Bart weiß, wenn der Frost ihn
befällt;

nudaque consistunt, formam servantia testae,
    vina, nec hausta meri, sed data frusta bibunt.
quid loquar, ut vincti concrescant frigore rivi,   25
    deque lacu fragiles effodiantur aquae?
ipse, papyrifero qui non angustior amne
    miscetur vasto multa per ora freto,
caeruleos ventis latices durantibus, Hister
    congelat et tectis in mare serpit aquis;   30
quaque rates ierant, pedibus nunc itur, et undas
    frigore concretas ungula pulsat equi;
perque novos pontes, subter labentibus undis,
    ducunt Sarmatici barbara plaustra boves.
vix equidem credar, sed, cum sint praemia falsi   35
    nulla, ratam debet testis habere fidem:
vidimus ingentem glacie consistere pontum,
    lubricaque inmotas testa premebat aquas.
nec vidisse sat est; durum calcavimus aequor,
    undaque non udo sub pede summa fuit.   40
si tibi tale fretum quondam, Leandre, fuisset,
    non foret angustae mors tua crimen aquae.
tum neque se pandi possunt delphines in auras
    tollere; conantes dura coërcet hiems;
et quamvis Boreas iactatis insonet alis,   45
    fluctus in obsesso gurgite nullus erit;

Wein steht, ohne Gefäß, die Form des Kruges bewahrend,
   wird nicht trinkend geschlürft, sondern in Brocken
                 verzehrt.
Soll ich erzählen, wie Bäche, von Kälte gefesselt,
                 gerinnen   25
   und wie man hackt aus dem See krachendes Wasser
                 heraus?
Selbst die Donau, die schmaler nicht ist als der Strom,
                 der Papyrus
trägt, und wie er in das Meer mehrere Arme ergießt,
läßt ihre blauen Gewässer bei dauernden Stürmen gefrieren,
   und mit bedeckter Flut schleicht sie zum Meere
                 hinaus,   30
und, wo die Schiffe gefahren, dort geht man zu Fuß
                 jetzt; die Fluten,
   die in der Kälte erstarrt, tritt jetzt der Huf eines Pferds,
und über seltsame Brücken, darunter die Wasser
                 dahinfliehn,
   zieht das sarmatische Rind Wagen barbarischer Art.
Kaum zwar wird man mir glauben; doch da bei der
                 Lüge kein Vorteil   35
   wäre, muß man ja dem, der es bekundet, vertraun:
stillstehn sah ich des Meeres unendliche Fläche; des Eises
   Decke, schlüpfrig und glatt, drückte die reglose Flut.
Doch nicht genug, daß ich's sah: ich betrat das harte
                 Gewässer,
   und wo die Woge sich türmt, wurde der Fuß doch
                 nicht naß: 40
hättest du solch eine Flut dereinst, Leander, gefunden,
   wäre die Meerenge nicht schuldig daran, daß du starbst.
Krumme Delphine vermögen dann nicht, in die Luft
                 sich zu schnellen:
   wenn sie's versuchen, so hält fest sie des Winters Gewalt,
und, wie heftig der Nord auch braust mit geschwungenen
                 Flügeln,   45
   keine Bewegung kommt in die gefesselte Flut;

inclusaeque gelu stabunt in marmore puppes,
  nec poterit rigidas findere remus aquas.
vidimus in glacie pisces haerere ligatos,
  sed pars ex illis tum quoque viva fuit.   50
sive igitur nimii Boreae vis saeva marinas,
  sive redundatas flumine cogit aquas,
protinus aequato siccis Aquilonibus Histro
  invehitur celeri barbarus hostis equo,
hostis equo pollens longeque volante sagitta   55
  vicinam late depopulatur humum.
diffugiunt alii, nullisque tuentibus agros
  incustoditae diripiuntur opes,
ruris opes parvae, pecus et stridentia plaustra,
  et quas divitias incola pauper habet.   60
pars agitur vinctis post tergum capta lacertis,
  respiciens frustra rura Laremque suum;
pars cadit hamatis misere confixa sagittis:
  nam volucri ferro tinctile virus inest.
quae nequeunt secum ferre aut abducere, perdunt,   65
  et cremat insontes hostica flamma casas.
tunc quoque, cum pax est, trepidant formidine belli,
  nec quisquam presso vomere sulcat humum.
aut videt aut metuit locus hic, quem non videt, hostem;
  cessat iners rigido terra relicta situ.   70

eingeschlossen vom Frost stehn da wie in Marmor die
                              Schiffe,
   auch kein Ruder kann je spalten das starrende Meer.
Fische habe ich haften gesehn in den Banden des Eises;
   Teile von ihnen jedoch waren am Leben noch jetzt.   50
Ob nun des übergewaltigen Nordwinds Wüten die
                              Meerflut
   oder ob er des Stroms steigende Fluten bezwingt,
jählings, sobald bei den trockenen Stürmen die Donau
                              sich glättet,
   bricht auf dem eilenden Pferd ein der barbarische Feind:
Feinde, mächtig zu Pferd, mit fernhin schwirrenden
                              Pfeilen   55
   plündern sie weit und breit aus das benachbarte Land;
andere flüchten, und da die Fluren von keinem
                              geschützt sind,
   fallen der Horde zum Raub Schätze, die niemand
                              bewacht,
Landmanns bescheidene Schätze, das Vieh und die
                              knarrenden Wagen
   und was an Reichtümern sonst armen Bewohnern
                              gehört.   60
Manche, gefangen, die Arme gefesselt hinter dem Rücken,
   blicken umsonst auf ihr Haus und ihre Äcker zurück;
Manche fallen, erbärmlich getroffen von Pfeilen mit Haken;
   denn an dem fliegenden Erz haftet ein giftiger Saft;
was man nicht mit sich zu schleppen vermag, wird
                              zugrunde gerichtet,   65
   auch das schuldlose Haus wird von der Flamme verzehrt.
Auch wenn der Friede dann kommt, macht Angst vorm
                              Kriege sie zittern:
   niemand drückt in den Grund furchend die
                              Pflugschar hinein.
Entweder sieht man den Feind oder fürchtet ihn, wenn
                              man ihn nicht sieht;
   müßig und leblos brach liegt das verlassene Land.   70

non hic pampinea dulcis latet uva sub umbra,
  nec cumulant altos fervida musta lacus.
poma negat regio, nec haberet Acontius in quo
  scriberet hic dominae verba legenda suae.
aspiceres nudos sine fronde, sine arbore, campos: 75
  heu loca felici non adeunda viro!
ergo tam late pateat cum maximus orbis,
  haec est in poenam terra reperta meam!

IV 1

Siqua meis fuerint, ut erunt, vitiosa libellis,
  excusata suo tempore, lector, habe.
exul eram, requiesque mihi, non fama petita est,
  mens intenta suis ne foret usque malis.
hoc est cur cantet vinctus quoque compede fossor,   5
  indocili numero cum grave mollit opus.
cantat et innitens limosae pronus harenae,
  adverso tardam qui trahit amne ratem;
quique refert pariter lentos ad pectora remos,
  in numerum pulsa brachia iactat aqua.   10
fessus ubi incubuit baculo saxove resedit
  pastor, harundineo carmine mulcet oves.

Hier verbirgt keine süße Traube der Schatten des
                                    Weinstocks,
   und es füllen sich nicht Kufen mit gärendem Most.
Äpfel versagt das Land, und Acontius fände die Frucht
                                    nicht,
   drauf zu schreiben den Satz, daß die Geliebte ihn liest.
Fluren würdest du sehen, die nackt, ohne Laub, ohne
                                    Baum sind.   75
   Wehe, ein glücklicher Mann bleibe nur ferne von hier!
Darum, obgleich sich weithin erstreckt der geräumige
                                    Erdkreis,
   fand man geeignet das Land hier zur Bestrafung für mich.

IV 1

Wenn etwas fehlerhaft wäre in meinem Werk – was
                                    auch sein wird –,
   dann entschuldige dies, Leser, mit meinem Geschick!
Ich war verbannt und sehnte nach Ruhe mich, nicht
                                    nach dem Ruhme,
   daß auf sein Leid nicht stets bliebe gerichtet mein Sinn:
das ist's, weshalb der Gräber noch singt, auch mit
                                    Fesseln am Fuße,   5
   wenn er mit kunstlosem Lied mildert sein schweres
                                    Geschäft,
singt auch er, der gebeugt, sich stemmend im
                                    schlammigen Sande
   zieht das langsame Schiff aufwärts, entgegen dem Strom,
auch wer die Ruder sich drückt an die Brust, die starren, im
                                    Gleichmaß
   und nach dem Takte die Flut schlägt und die Arme
                                    bewegt.   10
Stützt sich ermüdet der Hirt auf den Stab oder sitzt auf
                                    den Stein hin,
   hält sein Flötengetön doch seine Schafe gebannt.

cantantis pariter, pariter data pensa trahentis,
  fallitur ancillae decipiturque labor.
fertur et abducta Lyrneside tristis Achilles   15
  Haemonia curas attenuasse lyra.
cum traheret silvas Orpheus et dura canendo
  saxa, bis amissa coniuge maestus erat.
me quoque Musa levat Ponti loca iussa petentem:
  sola comes nostrae perstitit illa fugae;   20
sola nec insidias, Sinti nec militis ensem,
  nec mare nec ventos barbariamque timet.
scit quoque, cum perii, quis me deceperit error,
  et culpam in facto, non scelus, esse meo,
scilicet hoc ipso nunc aequa, quod obfuit ante,   25
  cum mecum iuncti criminis acta rea est.
non equidem vellem, quoniam nocitura fuerunt,
  Pieridum sacris inposuisse manum.
sed nunc quid faciam? vis me tenet ipsa sacrorum,
  et carmen demens carmine laesus amo.   30
sic nova Dulichio lotos gustata palato
  illo, quo nocuit, grata sapore fuit.
sentit amans sua damna fere, tamen haeret in illis,
  materiam culpae persequiturque suae.

Singend im Takt und spinnend im Takt die befohlene
Menge,
    täuscht über all ihre Müh' leichter die Magd sich hinweg.
Mit der thessalischen Lyra hat trauernd Achilles, so sagt
man,   15
    als ihm Briseïs entführt wurde, die Sehnsucht betäubt.
Orpheus trauerte tief um die zweimal verlorene Gattin,
    als er mit seinem Gesang Felsen bewegte und Wald.
Trost war die Muse auch mir, als ich fuhr, wie befohlen,
zum Pontus:
    standhaft gab sie allein mir auf der Flucht das Geleit.   20
Sie nur fürchtet nicht Schwert noch sintischen Kriegers
Verfolgung,
    weder das Meer noch den Sturm noch das barbarische
Land.
Sie auch weiß, welcher Irrtum mir zum Verderben
gereichte,
    daß ich zwar schuldig ward, doch kein Verbrechen
beging;
ist sie doch, weil sie zuvor mir schadete, jetzt mir
gewogen,   25
    da sie mit mir ja verklagt ward für gemeinsame Schuld.
Freilich wünscht' ich, ich hätte die Hände nie in der
Musen
    heiligem Dienste geregt, die mein Verderben gewollt.
Jetzt aber – was soll ich tun? Jetzt hält mich die Macht
dieses Dienstes:
    elend gemacht durch die Kunst, liebe ich Narr doch
die Kunst.   30
So hat die Lotosfrucht den Dulichiern, die sie gekostet,
    herrlich gemundet, wie sehr schädlich sie ihnen auch
war.
Wittert ein Liebender auch das Verderben, an das er
sich klammert,
    harrt er doch aus bei dem, was ihn zur Schwachheit
verführt.

nos quoque delectant, quamvis nocuere, libelli,   35
  quodque mihi telum vulnera fecit, amo.
forsitan hoc studium possit furor esse videri,
  sed quiddam furor hic utilitatis habet.
semper in obtutu mentem vetat esse malorum,
  praesentis casus inmemoremque facit.   40
utque suum Bacche non sentit saucia vulnus,
  dum stupet Idaeis exululata modis,
sic ubi mota calent viridi mea pectora thyrso,
  altior humano spiritus ille malo est.
ille nec exilium, Scythici nec litora ponti,   45
  ille nec iratos sentit habere deos.
utque soporiferae biberem si pocula Lethes,
  temporis adversi sic mihi sensus abest.
iure deas igitur veneror mala nostra levantes,
  sollicitae comites ex Helicone fugae,   50
et partim pelago partim vestigia terra
  vel rate dignatas vel pede nostra sequi.
sint, precor, haec saltem faciles mihi! namque deorum
  cetera cum magno Caesare turba facit,
meque tot adversis cumulant, quot litus harenas,   55
  quotque fretum pisces, ovaque piscis habet.

Mich auch erfreun meine Bücher, wie sehr sie gleich
                                    mich geschädigt,   35
   und das Geschoß, das mir einst Wunden gebracht, ist
                                    mir lieb.
Solch eine Leidenschaft mag vielleicht als Tollheit
                                    erscheinen;
   aber die Tollheit, sie hat doch etwas Nützliches auch;
denn sie verbietet dem Geist, nur stets seine Schmerzen
                                    zu sehen,
   macht ihn vergessen das doch stets gegenwärtige
                                    Leid.   40
Und wie die wunde Mänade nicht fühlt den Schmerz
                                    ihrer Wunde,
   wenn ihr der phrygische Sang heulend die Sinne
                                    berauscht,
steht auch, wenn meine Brust vom grünenden Thyrsus
                                    erhitzt wird,
   höher als menschliches Weh jener Begeisterung Hauch:
nicht die Verbannung und nicht die Gestade des
                                    skythischen Meeres   45
   spür' ich und nicht den Zorn, den ich bei Göttern
                                    erregt,
und, als tränke ich Becher voll schlummerbringender
                                    Lethe,
   werde ich von dem Gefühl widrigen Schicksals befreit.
Göttinnen drum verehr' ich mit Recht, die mich trösten
                                    im Leide,
   sie, die vom Helikon her sich dem Verbannten gesellt,   50
die auf dem Meere zum Teil und zum Teil auf dem
                                    Land meine Spuren,
   bald zu Schiff und zu Fuß bald, zu begleiten geruht.
Sie, so fleh' ich, seien mir wenigstens gnädig: der Götter
   übrige Schar ist mir feind, steht mit dem Kaiser im
                                    Bund.
Soviel Widriges häufen sie mir, wie es Sand am Gestade,   55
   wie es Fische im Meer gibt oder Eier im Fisch.

vere prius flores, aestu numerabis aristas,
  poma per autumnum frigoribusque nives,
quam mala, quae toto patior iactatus in orbe,
  dum miser Euxini litora laeva peto.   60
nec tamen, ut veni, levior fortuna malorum est:
  huc quoque sunt nostras fata secuta vias;
hic quoque cognosco natalis stamina nostri,
  stamina de nigro vellere facta mihi.
utque neque insidias capitisque pericula narrem,   65
  vera quidem, veri sed graviora fide,
vivere quam miserum est inter Bessosque Getasque
  illum, qui populi semper in ore fuit!
quam miserum est, porta vitam muroque tueri,
  vixque sui tutum viribus esse loci!   70
aspera militiae iuvenis certamina fugi,
  nec nisi lusura movimus arma manu;
nunc senior gladioque latus scutoque sinistram,
  canitiem galeae subicioque meam.
nam dedit e specula custos ubi signa tumultus,   75
  induimus trepida protinus arma manu.

Eher noch zählst du im Frühling die Blumen, im Sommer
die Ähren,
   zählst du die Früchte im Herbst oder im Winter den
Schnee,
als den Schmerz, den ich litt, durch all die Lande getrieben,
  während den düstern Strand ich des Euxinus
gesucht;   60
doch ist mein Los nicht leichter an Übeln, seitdem ich
gekommen:
  bis hierher auf dem Fuß ist mir mein Unglück gefolgt.
Hier auch erkenn' ich die Fäden des angeborenen
Schicksals:
  schwarz ist die Wolle, aus der Fäden gesponnen für
mich.
Und daß ich nicht von den Ränken und Lebensgefahren
erzähle,   65
  die wohl wahr sind, jedoch schwerer, als glaubhaft
erscheint –
welch ein Elend für den, zwischen Bessen und Geten zu
leben,
  der mit Liedern bisher lebte im Munde des Volks!
Welch ein Elend, das Leben durch Tor und Mauern zu
schützen,
  durch die befestigte Stadt kaum noch gesichert zu
sein!   70
Mied ich doch einst in der Jugend die harte soldatische
Übung,
  und nur mit spielender Hand lernt' ich den
Waffengebrauch.
Jetzt, im Alter, hängt mir ein Schwert an der Seite, die
Linke
  schleppt einen Schild, und ein Helm deckt das
ergraute Haupt.
Denn wenn der Wächter vom Turme das Zeichen uns
gibt zum Alarme,   75
  rüsten zum Kampfe wir uns eilends mit zitternder Hand.

hostis habens arcus imbutaque tela venenis,
    saevus anhelanti moenia lustrat equo;
utque rapax pecudem, quae se non texit ovili,
    per sata, per silvas fertque trahitque lupus,   80
sic, siquem nondum portarum saepe receptum
    barbarus in campis repperit hostis, habet:
aut sequitur captus coniectaque vincula collo
    accipit, aut telo virus habente perit.
hic ego sollicitae lateo novus incola sedis: 85
    heu nimium fati tempora longa mei!
et tamen ad numeros antiquaque sacra reverti
    sustinet in tantis hospita Musa malis.
sed neque cui recitem quisquam est mea carmina, nec qui
    auribus accipiat verba Latina suis.   90
ipse mihi – quid enim faciam? – scriboque legoque,
    tutaque iudicio littera nostra suo est.
saepe tamen dixi 'cui nunc haec cura laborat?
    an mea Sauromatae scripta Getaeque legent?'
saepe etiam lacrimae me sunt scribente profusae,   95
    umidaque est fletu littera facta meo,
corque vetusta meum, tamquam nova, vulnera novit,
    inque sinum maestae labitur imber aquae.

Feinde, mit Bogen bewehrt und giftgetränkten Geschossen,
    ziehn um die Mauern herum wütend auf schnaubendem
                Roß,
und wie der reißende Wolf das Vieh, das sich nicht in
                den Ställen
    birgt, durch die Felder verschleppt und durch die
                Waldungen schleift,   80
so, wenn einer noch nicht den Schutz der Tore erreicht
                hat,
    packt ihn barbarisch der Feind, der auf den Fluren
                ihn fand.
Als ein Gefangener geht er dann mit, am Halse die Fessel
    duldend, oder er fällt durch den vergifteten Pfeil.
Hier also steck' ich, ein neuer Bewohner gefährdeter
                Siedlung.   85
    Wehe mir! Allzulang zieht sich mein Schicksal noch
                hin.
Dennoch erträgt es die Muse, zur Kunst, zum
                geheiligten Dienste
    wiederzukehren, besucht noch mich in all diesem Leid.
Keiner, dem meine Gedichte ich lesen könnte, und keiner,
    ach, dessen Ohr nur verstehn könnt' ein lateinisches
                Wort!   90
Nur für mich selbst – denn was sollt' ich beginnen? – les'
                ich und schreib' ich,
    und was ich schreibe, verläßt sich auf mein Urteil
                allein.
Oft aber hab' ich gesagt: »Wem kommt diese Mühe
                zugute?
    Werden's Sarmaten einmal lesen und Geten vielleicht?«
Oftmals habe ich auch beim Schreiben Tränen
                vergossen,   95
    und meine Schrift wurde feucht, weil ich darüber
                geweint,
und es verspürt mein Herz die alten Wunden wie neue,
    und eine bittere Flut feuchtet den Bausch des Gewands.

cum, vice mutata, qui sim fuerimque, recordor
   et, tulerit quo me casus et unde, subit,   100
saepe manus demens, studiis irata sibique,
   misit in arsuros carmina nostra focos.
atque ita, de multis quoniam non multa supersunt,
   cum venia facito, quisquis es, ista legas.
tu quoque non melius, quam sunt mea tempora, carmen,
   interdicta mihi, consule, Roma, boni.   106

IV 10

Ille ego qui fuerim, tenerorum lusor amorum,
   quem legis, ut noris, accipe posteritas.
Sulmo mihi patria est, gelidis uberrimus undis,
   milia qui novies distat ab urbe decem.
editus hic ego sum nec non ut tempora noris,   5
   cum cecidit fato consul uterque pari:
si quid id est, usque a proavis vetus ordinis heres
   non modo fortunae munere factus eques.
nec stirps prima fui; genito sum fratre creatus,
   qui tribus ante quater mensibus ortus erat.   10
Lucifer amborum natalibus affuit idem:
   una celebrata est per duo liba dies;

Wenn ich bedenke, im Wechsel des Glücks, wer ich bin,
　　　　　　　　　　wer ich einstmals
　war, woher und wohin mich das Geschick hat geführt,
hat meine Hand, von Sinnen im Zorn über sich und ihr
　　　　　　　　　　Treiben,　　　　　　　　101
　　meine Gedichte gar oft schon zum Verbrennen
　　　　　　　　　　verdammt,
und, da nun von den vielen nur wenige übrig geblieben –
　Nachsicht, wer du auch seist, schenk ihnen, wenn du
　　　　　　　　　　sie liest!
Du auch, Rom, mir verbotenes, nimm denn mit meinem
　　　　　　　　　　Gesange,　　　　　　　105
　　der nicht glücklicher ist als meine Lage, fürlieb!

IV 10

Wer ich gewesen, ich tändelnder Dichter der zärtlichen
　　　　　　　　　　Liebe –
　daß du, Nachwelt, erfährst, wen du gelesen –, vernimm!
Sulmo heißt meine Heimat, gesegnet mit kalten Gewässern:
　neunmal zehntausend Schritt liegt sie entfernt von
　　　　　　　　　　der Stadt.
Dort erblick' ich das Licht, und zwar, daß du wissest
　　　　　　　　　　den Zeitpunkt,　　　　　5
　als die zwei Konsuln zugleich fielen durch gleiches
　　　　　　　　　　Geschick,
und, wenn das etwas bedeutet, mein Stand ist ererbt
　　　　　　　　　　von den Ahnen:
　nicht durch Gunst nur des Glücks ward ich zum
　　　　　　　　　　Ritter gemacht.
Nicht der Älteste war ich: ein Bruder ist vor mir geboren;
　viermal drei Monde zuvor ist er gekommen zur Welt.　10
Beider Brüder Geburt bestrahlte der nämliche Frühstern,
　und der gemeinsame Tag ward durch zwei Kuchen
　　　　　　　　　　geehrt:

haec est armiferae festis de quinque Minervae,
   quae fieri pugna prima cruenta solet.
protinus excolimur teneri curaque parentis   15
   imus ad insignes urbis ab arte viros.
frater ad eloquium viridi tendebat ab aevo,
   fortia verbosi natus ad arma fori;
at mihi iam puero caelestia sacra placebant,
   inque suum furtim Musa trahebat opus.   20
saepe pater dixit 'studium quid inutile temptas?
   Maeonides nullas ipse reliquit opes.'
motus eram dictis, totoque Helicone relicto
   scribere temptabam verba soluta modis.
sponte sua carmen numeros veniebat ad aptos,   25
   et quod temptabam scribere versus erat.
interea tacito passu labentibus annis
   liberior fratri sumpta mihique toga est,
induiturque umeris cum lato purpura clavo,
   et studium nobis, quod fuit ante, manet.   30
iamque decem vitae frater geminaverat annos,
   cum perit, et coepi parte carere mei.
cepimus et tenerae primos aetatis honores,
   eque viris quondam pars tribus una fui.

der ist's von den fünf Festen der waffengeschmückten
                                    Minerva,
    der als der erste pflegt blutig zu werden im Kampf.
Früh schon lehrt man uns Knaben, und bald, auf des
                                    Vaters Bemühung,   15
    gehn wir zu Männern der Stadt, die durch ihr
                                    Können berühmt.
Seit seiner Kindheit neigte zur Kunst des Redners mein
                                    Bruder,
    war für des wortreichen Markts mächtige Waffen
                                    bestimmt.
Ich aber fand schon als Knabe Gefallen an himmlischen
                                    Weihen:
    lockte die Muse mich doch heimlich bereits in ihr
                                    Tun.   20
Oft hat mein Vater gesagt: »Was treibst du brotlose
                                    Künste?
    Selbst der Maeonier ließ keinerlei Schätze zurück.«
Und mich bewegten die Worte: ich ließ den Helikon
                                    gänzlich;
    Rede, vom Versmaß frei, sucht' ich zu schreiben hinfort.
Aber es fügte von selbst das Gedicht sich zu passenden
                                    Maßen: 25
    was ich zu schreiben begann, wurde von selber zum Vers.
Während danach mit geräuschlosem Schritt die Jahre
                                    vergingen,
    hüllten der Bruder und ich uns in das Männergewand,
legten es uns um die Schultern mit breitem, purpurnem
                                    Streifen,
    und unsre Neigung blieb, wie sie zuvor sich gezeigt.   30
Zwanzig Jahr erst hatte des Bruders Leben gedauert,
    als er verstarb: seitdem fehlt mir ein Stück von mir
                                    selbst.
Doch ich gelangte danach zu den ersten Würden der
                                    Jugend:
    zum Drei-Männer-Kolleg hab' ich vor Jahren gehört.

curia restabat: clavi mensura coacta est;   35
   maius erat nostris viribus illud onus.
nec patiens corpus, nec mens fuit apta labori,
   sollicitaeque fugax ambitionis eram,
et petere Aoniae suadebant tuta sorores
   otia, iudicio semper amata meo.   40
temporis illius colui fovique poetas,
   quotque aderant vates, rebar adesse deos.
saepe suas volucres legit mihi grandior aevo,
   quaeque nocet serpens, quae iuvat herba, Macer.
saepe suos solitus recitare Propertius ignes,   45
   iure sodalicii, quo mihi iunctus erat.
Ponticus heroo, Bassus quoque clarus iambis
   dulcia convictus membra fuere mei.
et tenuit nostras numerosus Horatius aures,
   dum ferit Ausonia carmina culta lyra.   50
Vergilium vidi tantum: nec avara Tibullo
   tempus amicitiae fata dedere meae.
successor fuit hic tibi, Galle, Propertius illi;
   quartus ab his serie temporis ipse fui.
utque ego maiores, sic me coluere minores,   55
   notaque non tarde facta Thalia mea est.
carmina cum primum populo iuvenalia legi,
   barba resecta mihi bisve semelve fuit.
moverat ingenium totam cantata per urbem
   nomine non vero dicta Corinna mihi.   60

Fehlte die Kurie noch; doch mein Purpurstreif ward
                              geschmälert: 35
  waren für solch eine Last doch meine Kräfte zu
                              schwach.
Weder mein Körper war noch mein Geist der Mühe
                              gewachsen;
  auch die Bewerbung ums Amt hab' ich, als störend,
                              gescheut.
Und die aonischen Schwestern beredeten mich, nach
                              der stillen
  Muße zu streben: von je war sie nach meinem
                              Geschmack.   40
Dichter, die damals lebten, verehrt' ich, für Dichter
                              entbrannt' ich:
  soviel Sänger, soviel Götter vermeint' ich zu sehn.
Oft hat Macer, der älter als ich, sein Gedicht mir gelesen
  über die Schlangen, ihr Gift, Vögel und heilendes Kraut.
Oftmals trug mir Propertius vor seine Liebesgedichte   45
  nach Kameradschaftsbrauch, wie er mit mir ihn verband.
Ponticus, groß im heroischen Versmaß, Bassus,
                              berühmt durch
  Jamben, waren im Kreis meiner Gefährten mir lieb.
Reich an Formen, entzückte Horatius unsere Ohren,
  der im ausonischen Ton sang sein vollendetes Lied.   50
Sehn nur konnt' ich Vergil; auch ließ das geizige Schicksal
  keine Zeit dem Tibull, Freundschaft zu pflegen mit mir.
Gallus, er kam nach dir, Propertius kam nach Tibullus,
  und in der Folge der Zeit schloß ich als vierter mich an.
Und wie den Älteren ich, erwiesen mir Jüngere Ehre,   55
  und beizeiten schon ward meine Thalia bekannt.
Als ich zum ersten Male dem Volk meine Jugendgedichte
  las, war eben mein Bart ein- oder zweimal gestutzt.
Sie hat erweckt mein Talent, die man damals besang
                              durch die ganze
  Stadt hin, die mein Gedicht täuschend Corinna
                              genannt.   60

multa quidem scripsi, sed, quae vitiosa putavi,
   emendaturis ignibus ipse dedi.
tunc quoque, cum fugerem, quaedam placitura cremavi,
   iratus studio carminibusque meis.
molle Cupidineis nec inexpugnabile telis   65
   cor mihi, quodque levis causa moveret, erat.
cum tamen hic essem minimoque accenderer igni,
   nomine sub nostro fabula nulla fuit.
paene mihi puero nec digna nec utilis uxor
   est data, quae tempus perbreve nupta fuit.   70
illi successit, quamvis sine crimine coniunx,
   non tamen in nostro firma futura toro.
ultima, quae mecum seros permansit in annos,
   sustinuit coniunx exulis esse viri.
filia me mea bis prima fecunda iuventa,   75
   sed non ex uno coniuge, fecit avum.
et iam complerat genitor sua fata novemque
   addiderat lustris altera lustra novem.
non aliter flevi, quam me fleturus ademptum
   ille fuit. matris proxima busta tuli.   80
felices ambo tempestiveque sepulti,
   ante diem poenae quod periere meae!
me quoque felicem, quod non viventibus illis
   sum miser, et de me quod doluere nihil!

Viel zwar hab' ich geschrieben, doch was als verfehlt
                                    mir erschienen,
   das übergab ich gleich selber der läuternden Glut.
Auch bei meiner Verbannung verbrannt' ich, was sicher
                                    gefiele,
   weil ich meinem Bemühn zürnte und meinem Gesang.
Stets war zärtlich mein Herz und erlag den Geschossen
                                    Cupidos   65
   leicht: ein Geringes schon war, es zu erregen, genug.
Dennoch, obwohl ich so war und vom winzigsten
                                    Funken entbrannte,
   wurde mein Name und Ruf nie vom Gerede berührt.
Fast noch als Knaben vermählte man mich einer Gattin,
                                    die weder
   würdig noch tüchtig und nicht lange verbunden mit
                                    mir.   70
Ihr ist eine Gefährtin gefolgt, die, obschon ohne Tadel,
   doch nur für wenige Zeit teilte das Lager mit mir.
Aber die letzte, die bei mir blieb bis in spätere Tage,
   hat es ertragen, das Weib eines Verbannten zu sein.
Zweimal Mutter – so ließ mich, fruchtbar, die Tochter
                                    schon frühe   75
   Großvater werden, jedoch nicht durch denselben
                                    Gemahl.
Und schon hatte mein Vater sein Schicksal vollendet:
                                    er fügte
   neunmal fünf Jahren hinzu neunmal fünf weitere noch.
Anders nicht weint' ich um ihn, als er mich, wär' ich
                                    vor ihm gestorben,
   hätte betrauert; danach trug ich die Mutter zu Grab.   80
Glücklich beide und wahrlich zur rechten Zeit noch
                                    begraben,
   weil sie starben, bevor meine Bestrafung mich traf!
Glücklich auch, daß ich nicht, solange die beiden noch
                                    lebten,
   elend wurde und sie nie sich betrübten um mich!

si tamen extinctis aliquid nisi nomina restant,   85
    et gracilis structos effugit umbra rogos,
fama, parentales, si vos mea contigit, umbrae,
    et sunt in Stygio crimina nostra foro,
scite, precor, causam (nec vos mihi fallere fas est)
    errorem iussae, non scelus, esse fugae.   90
Manibus hoc satis est: ad vos, studiosa, revertor,
    pectora, qui vitae quaeritis acta meae.
iam mihi canities pulsis melioribus annis
    venerat, antiquas miscueratque comas,
postque meos ortus Pisaea vinctus oliva   95
    abstulerat deciens praemia victor equus,
cum maris Euxini positos ad laeva Tomitas
    quaerere me laesi principis ira iubet.
causa meae cunctis nimium quoque nota ruinae
    indicio non est testificanda meo.   100
quid referam comitumque nefas famulosque nocentes?
    ipsa multa tuli non leviora fuga.
indignata malis mens est succumbere seque
    praestitit invictam viribus usa suis;

Wenn aber etwas mehr als der Name verbleibt von
                     Gestorbnen,   85
   wenn aus des Leichnams Brand schwebend der
                     Schatten sich hebt,
wenn ein Gerücht über mich euch erreicht, ihr Schatten
                     der Eltern,
   wenn man von unserer Schuld spricht auf dem
                     Forum der Styx,
wisset, ich bitt' euch: der Grund der Verbannung (euch
                     dürft' ich ja niemals
   täuschen) ist Irrtum bloß, ist kein verbrecherisch
                     Tun.   90
Dies ist den Manen genug: zu euch, teilnehmende Herzen,
   kehr' ich zurück, die ihr mich fragt nach des Lebens
                     Verlauf.
Schon war ergraut mein Haupt, nachdem meine
                     besseren Jahre
   schwanden: mein früheres Haar war schon mit
                     weißem durchsetzt;
zehnmal, seitdem ich geboren, errang, bekränzt mit
                     dem Ölzweig,   95
   in dem pisäischen Kampf siegend ein Pferd sich den
                     Preis,
als mir der Zorn unsres Fürsten befahl, nach Tomis zu
                     ziehen,
   das an des »Gastlichen Meers« linkem Gestade sich hebt.
Meines Verderbens Grund ist allzu bekannt einem jeden;
   darum brauch' ich ihn nicht selbst zu verkündigen
                     noch.   100
Soll ich von schuldigen Dienern, Verrat der Begleiter
                     berichten?
   Vieles ertrug ich, was nicht leichter als
                     Flüchtlingsgeschick.
Schmählich fand es mein Geist, seinem Leid zu erliegen:
                     er regte
   all seine Kräfte und blieb unüberwindlich im Kampf.

oblitusque mei ductaeque per otia vitae   105
   insolita cepi temporis arma manu;
totque tuli terra casus pelagoque quot inter
   occultum stellae conspicuumque polum.
tacta mihi tandem longis erroribus acto
   iuncta pharetratis Sarmatis ora Getis.   110
hic ego, finitimis quamvis circumsoner armis,
   tristia, quo possum, carmine fata levo.
quod quamvis nemo est, cuius referatur ad aures,
   sic tamen absumo decipioque diem.
ergo quod vivo durisque laboribus obsto,   115
   nec me sollicitae taedia lucis habent,
gratia, Musa, tibi: nam tu solacia praebes,
   tu curae requies, tu medicina venis.
tu dux et comes es, tu nos abducis ab Histro,
   in medioque mihi das Helicone locum;   120
tu mihi, quod rarum est, vivo sublime dedisti
   nomen, ab exequiis quod dare fama solet.
nec, qui detrectat praesentia, Livor iniquo
   ullum de nostris dente momordit opus.
nam tulerint magnos cum saecula nostra poetas,   125
   non fuit ingenio fama maligna meo,

Mich und mein ganzes in Muße verbrachtes Leben
                                        vergessend,   105
   nahm ich mit Neulingshand Waffen, der Lage gemäß:
soviel Unheil trug ich zu Land und zu Wasser, wie Sterne
   zwischen dem sichtbaren Pol und dem verborgenen sind;
endlich nach längerer Irrfahrt hab' ich den Strand der
                                        Sarmaten
   nahe den Geten erreicht, die uns mit Pfeilen
                                        bedrohn.   110
Wie mich nun hier auch die Waffen der Nachbarn
                                        umklirren, ich suche,
   wie ich nur kann, im Gedicht Trost für mein trauriges
                                        Los;
ist hier auch keiner, um ihm zu Gehör meine Verse zu
                                        bringen,
   bring' ich die Zeit doch hin, täusche mich drüber hinweg.
Darum, weil ich noch lebe und trete entgegen der
                                        Drangsal,   115
   weil mich des Lebens Verdruß doch nicht mit Ekel
                                        erfüllt,
sag' ich, Muse, dir Dank: denn du hast Trost mir geboten,
   du, die mir Ruh' in der Qual, du, die mir Linderung
                                        bringt!
Führerin bist du, Gefährtin und führst mich hinweg
                                        von der Donau,
   ja, du gibst einen Platz mitten am Helikon mir.   120
Du hast – selten ist dies – im Leben mir schon einen
                                        stolzen
   Namen verliehn, wie ihn sonst Ruhm nach dem Tode
                                        nur gibt.
Noch hat der Neid, der das Schaffen der Lebenden
                                        gerne herabsetzt,
   mit dem gehässigen Zahn keins meiner Werke benagt.
Denn obschon unsre Zeit manch großen Dichter
                                        geboren,   125
   ward doch ein günstiger Ruf meinem Talente zuteil,

cumque ego praeponam multos mihi, non minor illis
    dicor et in toto plurimus orbe legor.
si quid habent igitur vatum praesagia veri,
    protinus ut moriar, non ero, terra, tuus.   130
sive favore tuli, sive hanc ego carmine famam,
    iure tibi grates, candide lector, ago.

V 7

Quam legis, ex illa tibi venit epistula terra,
    latus ubi aequoreis additur Hister aquis.
si tibi contingit cum dulci vita salute,
    candida fortunae pars manet una meae.
scilicet, ut semper, quid agam, carissime, quaeris,   5
    quamvis hoc vel me scire tacente potes.
sum miser; haec brevis est nostrorum summa malorum,
    quisquis et offenso Caesare vivit, erit.
turba Tomitanae quae sit regionis et inter
    quos habitem mores, discere cura tibi est?   10
mixta sit haec quamvis inter Graecosque Getasque,
    a male pacatis plus trahit ora Getis.
Sarmaticae maior Geticaeque frequentia gentis
    per medias in equis itque reditque vias.

und wenn ich viele auch über mich stelle, so gelt' ich
doch nicht als
kleiner, und eifrig liest meine Gedichte die Welt.
Drum, haben Sprüche der Seher ein wenig Wahrheit, so
werd' ich,
Grab, der Deine nicht ganz bleiben, verstürb' ich
auch heut.   130
Ob nun Gunst meinen Ruhm mir erbracht hat oder die
Dichtung –
füglich erstatte ich dir, gütiger Leser, den Dank.

V 7

Den du hier liest, der Brief gelangte zu dir aus dem Lande,
wo in des Meeres Flut breit sich die Donau ergießt.
Wenn du des Lebens dich freust und zugleich einer
guten Gesundheit,
gibt es in meinem Geschick doch noch ein tröstliches
Licht.
Sicherlich fragst du wie stets, mein Teuerster, wie es mir
gehe,   5
ob du dir's gleich, wenn ich selbst schweige, zu
denken vermagst.
Elend bin ich: das ist meines Unheils kurzes Ergebnis;
jeder wird es ja sein, hat er den Kaiser gekränkt.
Liegt dir daran, von dem Volk in der Gegend von
Tomis und von dem
Leben, das hier mich umgibt, etwas zu wissen?
Vernimm!   10
Ist auch unsere Küste geteilt zwischen Geten und Griechen,
herrscht doch des getischen Stamms schlecht nur
gebändigte Art.
Größere Schwärme von getischem und von
sarmatischem Volke
kommen und gehen zu Pferd, reiten die Straßen entlang.

in quibus est nemo, qui non coryton et arcum   15
    telaque vipereo lurida felle gerat.
vox fera, trux vultus, verissima Martis imago,
    non coma, non ulla barba resecta manu,
dextera non segnis fixo dare vulnera cultro,
    quem iunctum lateri barbarus omnis habet.   20
vivit in his heu nunc, lusorum oblitus amorum,
    hos videt, hos vates audit, amice, tuus:
atque utinam vivat non et moriatur in illis,
    absit ab invisis ut tamen umbra locis.
carmina quod pleno saltari nostra theatro,   25
    versibus et plaudi scribis, amice, meis,
nil equidem feci – tu scis hoc ipse – theatris,
    Musa nec in plausus ambitiosa mea est;
non tamen ingratum est, quodcumque oblivia nostri
    impedit et profugi nomen in ora refert.   30
quamvis interdum, quae me laesisse recordor,
    carmina devoveo Pieridasque meas,
cum bene devovi, nequeo tamen esse sine illis,
    vulneribusque meis tela cruenta sequor,
quaeque modo Euboicis lacerata est fluctibus, audet   35
    Graia Caphaeream currere puppis aquam.

Unter ihnen ist keiner, der nicht mit Köcher und
Bogen, 15
    nicht mit von Viperngift gelblichen Pfeilen uns droht.
Wild ist die Rede und trotzig der Blick, des
Kriegsgottes Abbild;
    Bart und Haare beschnitt ihnen noch nie eine Hand.
Rasch ist die Rechte bereit, mit dem Messer Wunden zu
schlagen,
    wie es ein jeder Barbar trägt, an die Seite gehängt. 20
Und unter diesen, ach, lebt, das Liebesgetändel vergessend,
    Freund, dein Sänger: nur sie sieht er und hört er jetzt
noch.
O, daß er doch nur lebte und nicht auch stürbe bei ihnen!
    Weile sein Schatten doch nur fern von dem Land, das
er haßt!
Wenn du mir schreibst, daß man meine Gedichte im
vollen Theater 25
    singt zum Tanze, mein Freund, und meine Verse
beklatscht: –
hab’ ich auch nichts, das weißt du ja selbst, fürs Theater
geschrieben,
    hat meine Muse auch nie gierig nach Beifall gehascht;
ist doch alles mir recht, was vor dem Vergessen mich
schützen
    kann und dem Munde des Volks gibt meine Verse
zurück. 30
Hab’ ich zuweilen bereits, bedenkend, wie sehr sie mich
kränkten,
    meine Gedichte verwünscht und meine Muse dazu –
wenn ich sie kräftig verwünschte, so kann ich sie doch
nicht entbehren,
    und das Geschoß, das mein Blut rötete, lockt mich
erneut.
Ja, das griechische Schiff, das euböische Wogen noch
eben 35
    schädigten, wagt sich bereits in die kapharische Flut.

nec tamen, ut lauder, vigilo curamque futuri
    nominis, utilius quod latuisset, ago.
detineo studiis animum falloque dolores,
    experior curis et dare verba meis.   40
quid potius faciam desertis solus in oris,
    quamve malis aliam quaerere coner opem?
sive locum specto, locus est inamabilis, et quo
    esse nihil toto tristius orbe potest,
sive homines, vix sunt homines hoc nomine digni,   45
    quamque lupi, saevae plus feritatis habent.
non metuunt leges, sed cedit viribus aequum,
    victaque pugnaci iura sub ense iacent.
pellibus et laxis arcent mala frigora bracis,
    oraque sunt longis horrida tecta comis.   50
in paucis remanent Graecae vestigia linguae,
    haec quoque iam Getico barbara facta sono.
unus in hoc nemo est populo, qui forte Latine
    quamlibet e medio reddere verba queat.
ille ego Romanus vates – ignoscite, Musae! –   55
    Sarmatico cogor plurima more loqui.
et pudet et fateor, iam desuetudine longa
    vix subeunt ipsi verba Latina mihi.
nec dubito quin sint et in hoc non pauca libello
    barbara: non hominis culpa, sed ista loci.   60

Doch ich bemühe mich nicht um Lob, um den
                                        künftigen Namen:
  wenn er verborgen blieb', wäre es dienlicher mir.
Schaffend beschäftige ich meinen Geist; ich vertreibe
                                        die Schmerzen,
  such' ihnen Worte zu leihn, um zu betäuben das Leid. 40
Was kann ich Besseres tun, so allein am öden Gestade,
  und welchen Beistand sonst suchte ich wohl in der Pein?
Ob ich betrachte den Ort – kein liebenswürdiger Ort ist's,
  und auf der Welt kann es nichts Düstreres geben als ihn,
oder die Menschen, kaum sind die Menschen noch wert
                                        dieses Namens 45
  und übertreffen sogar Wölfe an grausamer Wut,
fürchten auch nicht das Gesetz: Gerechtigkeit weicht
                                        der Gewalttat,
  unter der Streitsucht Schwert liegt überwunden das
                                        Recht.
Felle und bauschige Hosen gewähren Schutz vor den
                                        Frösten;
  schaurig mit zottigem Haar sind die Gesichter bedeckt.
Nur bei wenigen finden sich Spuren der griechischen
                                        Sprache: 51
  schon durch den getischen Ton wurden barbarisch
                                        auch sie.
Nicht ein einziger ist in dem Volk, der gebräuchlichste
                                        Worte
  auf lateinisch vielleicht wiederzugeben vermag.
Ich, der römische Sänger – ihr Musen, bitte, verzeiht
                                        mir! –, 55
  muß mich bedienen sogar meist des sarmatischen Worts,
und ich bekenne beschämt, daß jetzt nach der langen
                                        Entwöhnung
  schon mir selbst das Latein kaum zu Gebote noch steht.
Viel Barbarisches auch ist ohne Zweifel in diesem
  Buche; doch nicht der Mann, sondern der Ort hat die
                                        Schuld. 60

ne tamen Ausoniae perdam commercia linguae,
   et fiat patrio vox mea muta sono,
ipse loquor mecum desuetaque verba retracto,
   et studii repeto signa sinistra mei.
sic animum tempusque traho memeque reduco   65
   a contemplatu summoveoque mali.
carminibus quaero miserarum oblivia rerum:
   praemia si studio consequar ista, sat est.

Doch daß ich nicht den Gebrauch der italischen
                              Sprache verliere
  und in dem heimischen Laut nicht mir verstumme
                              der Mund,
sprche ich selbst mit mir: entwöhnte Worte gebrauch' ich,
  kehre zu meiner Kunst glücklosen Zeichen zurück.
Also frist' ich den Geist und verbringe die Zeit, und
                              mich selber   65
  ziehe und lenke ich ab von der Betrachtung des Leids.
Bei meinen Dichtungen such' ich mein trauriges Los zu
                              vergessen:
  wird mir für all mein Bemühn dies nur zum Lohn,
                              ist's genug.

Aus

Epistulae ex Ponto
Briefe vom Schwarzen Meer

A tibi dilecto missam Nasone salutem
   accipe, pars animae magna, Severe, meae.
neve roga quid agam. si persequar omnia, flebis;
   summa satis nostri si tibi nota mali.
vivimus assiduis expertes pacis in armis,   5
   dura pharetrato bella movente Geta.
deque tot expulsis sum miles in exule solus:
   tuta (nec invideo) cetera turba latet.
quoque magis nostros venia dignere libellos,
   haec in procinctu carmina facta leges.   10
stat vetus urbs, ripae vicina binominis Histri,
   moenibus et positu vix adeunda loci.
Caspios Aegisos, de se si credimus ipsis,
   condidit, et proprio nomine dixit opus.
hanc ferus, Odrysiis inopino Marte peremptis,   15
   cepit et in regem sustulit arma Getes.
ille memor magni generis, virtute quod auget,
   protinus innumero milite cinctus adest.

18
An Severus

Diesen Gruß, den hier dein geliebter Naso dir sendet,
  nimm, mein Severus, ihn an, der du im Herzen mir
  wohnst!
Frag nicht, wie es mir geht! Wenn ich alles erzähle, so
  weinst du:
  wenn du das Wichtigste weißt über mein Leid, so
  genügt's.
Ständig lebe ich, gänzlich des Friedens entwöhnt, unter
  Waffen: 5
  grimmig mit Bogen und Pfeil führen die Geten den
  Krieg.
Ich nur von all den Vertriebnen muß Krieger sein als
  Verbannter:
  sicher – ich gönne es ihr – birgt sich die übrige Schar.
Daß um so mehr du mein Schreibwerk würdig erachtest
  der Nachsicht,
  lies doch die Dichtungen auch, die ich in Waffen
  verfaßt!   10
Alt ist die Stadt und nahe dem Ufer der Donau, durch
  Mauern
  unzugänglich beinah und durch die Lage des Orts.
Wenn man den Hiesigen glaubt, hat die Stadt Aegisos
  gegründet,
  kaspischen Stamms, und sein Werk dann nach sich
  selber genannt.
Wilde Geten vernichteten unversehns die Odryser,   15
  nahmen die Stadt, zum Kampf gegen den König
  bereit.
Er, seines großen Geschlechtes gedenk, dessen Glanz er
  erhöht hat,
  naht, von unzähliger Schar Krieger umgeben, sogleich

nec prius abscessit, merita quam caede nocentum
. . . .   20
at tibi, rex aevo, detur, fortissime nostro,
    semper honorata sceptra tenere manu.
teque, quod et praestat – quid enim tibi plenius optem? –
    Martia cum magno Caesare Roma probet.
sed memor unde abii, queror, o iucunde sodalis,   25
    accedunt nostris saeva quod arma malis.
ut careo vobis, Stygias detrusus in oras,
    quattuor autumnos Pleias orta facit.
nec tu credideris urbanae commoda vitae
    quaerere Nasonem, quaerit et illa tamen: 30
nam modo vos animo dulces reminiscor, amici,
    nunc mihi cum cara coniuge nata subit,
aque domo rursus pulchrae loca vertor ad urbis,
    cunctaque mens oculis pervidet usa suis.
nunc fora, nunc aedes, nunc marmore tecta theatra,   35
    nunc subit aequata porticus omnis humo.
gramina nunc Campi pulchros spectantis in hortos,
    stagnaque et euripi Virgineusque liquor.
at, puto, sic urbis misero est erepta voluptas,
    quolibet ut saltem rure frui liceat!   40

und ließ eher nicht nach, als bis durch der Schuldigen
                  Blutbad
. . . .   20
Dir sei's, tapferster König, in unseren Zeiten beschieden,
   daß du dein Zepter stets führest mit rühmlicher Hand!
Möge, was höher noch steht – was könnt' ich dir Besseres
                  wünschen? –,
   loben das Rom des Mars dich und sein mächtiger Fürst!
Aber bedenkend, von wo ich ausging, klag' ich, mein
                  Teurer,   25
   daß zu den Leiden mich noch wütende Waffen bedrohn:
seit ich euer entbehre, zur stygischen Küste verstoßen,
   hat die Plejade mit vier Herbsten bereits mich bestürmt,
und du vermutest wohl nicht, daß Naso des römischen
                  Lebens
   Freuden ersehne, und doch sehnt er sich immer
                  danach.   30
Denn es gedenkt mein Sinn bald euer, ihr holden
                  Gefährten,
   bald mit dem teueren Weib liegt mir die Tochter im
                  Sinn.
Wieder begeb' ich vom Haus zu den Plätzen der herrlichen
                  Stadt mich:
   alle vermag sie zu schaun dann mit den Augen mein
                  Geist,
jetzt die Märkte, die Tempel, die marmorbedeckten
                  Theater,   35
   sucht er, die Hallen sodann mit dem geglätteten Grund,
jetzt auch des Marsfelds Gras mit dem Blick auf die
                  prächtigen Gärten,
   Teiche, Kanäle, den Quell, einst nach der Jungfrau
                  benannt. –
Aber man raubte wohl so dem Armen die Wonnen der
                  Großstadt,
   daß ihn doch irgendein Feld wenigstens könne
                  erfreun?   40

non meus amissos animus desiderat agros,
　　ruraque Paeligno conspicienda solo,
nec quos piniferis positos in collibus hortos
　　spectat Flaminiae Clodia iuncta viae,
quos ego nescio cui colui, quibus ipse solebam　　　　　45
　　ad sata fontanas, nec pudet, addere aquas,
sunt ubi, si vivunt, nostra quoque consita quaedam,
　　sed non et nostra poma legenda manu.
pro quibus amissis utinam contingere possit
　　hic saltem profugo glaeba colenda mihi!　　　　　50
ipse ego pendentis, liceat modo, rupe capellas,
　　ipse velim baculo pascere nixus oves;
ipse ego, ne solitis insistant pectora curis,
　　ducam ruricolas sub iuga curva boves,
et discam Getici quae norunt verba iuvenci,　　　　　55
　　adsuetas illis adiciamque minas.
ipse manu capulum pressi moderatus aratri
　　experiar mota spargere semen humo.
nec dubitem longis purgare ligonibus herbas,
　　et dare iam sitiens quas bibat hortus aquas.　　　　　60

Ach, es sehnt sich mein Sinn nicht nach den verlorenen
                Äckern,
  nicht nach dem Gut, das sich sehn läßt auf
                    paelignischer Flur,
nicht nach den Gärten, gelegen auf fichtenbestandenen
                Hügeln,
  die man vom Clodischen Weg und vom Flaminischen
                sieht,
die ich, ich weiß nicht für wen, gepflegt, wo ich selbst
                von der Quelle   45
  Wasser – ich schäme mich nicht – trug, zu besprengen
                die Saat,
wo, wenn es lebt, auch Obst, mit den eigenen Händen
                gepflanztes,
  aber mit eigener Hand nicht auch zu pflückendes
                wächst.
Dürft' es mir wenigstens doch statt all des Verlornen
                vergönnt sein,
  daß ich als Flüchtling hier könnte die Scholle
                bebaun!   50
Wollt' ich doch, ging' es nur an, am Felsen hangende
                Ziegen
  selber und Schafe so gern weiden, gestützt auf den Stab.
Selber, daß nicht der gewohnte Kummer mich fürder
                bedränge,
  unters geschwungene Joch führt' ich das pflügende
                Rind,
und ich erlernte die Rufe, die getische Stiere verstehen, 55
  riefe den Tieren auch zu Drohungen, die sie gewohnt;
selbst mit der Hand den Sterz des Pfluges drückend
                und lenkend,
  sucht' ich Samen zu streun in das gelockerte Land,
zögerte nicht, die Saat mit der Hacke, der langen, zu
                säubern,
  spendete Wasser dem schon dürstenden Garten zum
                Trank.   60

unde sed hoc nobis, minimum quos inter et hostem
  discrimen murus clausaque porta facit?
at tibi nascenti, quod toto pectore laetor,
  nerunt fatales fortia fila deae.
te modo Campus habet, densa modo porticus umbra,   65
  nunc, in quo ponis tempora rara, forum.
Umbria nunc revocat, nec non Albana petentem
  Appia ferventi ducit in arva rota.
forsitan hic optes, ut iustam supprimat iram
  Caesar, et hospitium sit tua villa meum.   70
a! nimium est, quod, amice, petis: moderatius opta,
  et voti quaeso contrahe vela tui.
terra velim propior nullique obnoxia bello
  detur: erit nostris pars bona dempta malis.

II 10

Ecquid ab impressae cognoscis imagine cerae
  haec tibi Nasonem scribere verba, Macer?
auctorisque sui si non est anulus index,
  cognitane est nostra littera facta manu?
an tibi notitiam mora temporis eripit horum,   5
  nec repetunt oculi signa vetusta tui?

Aber woher dies mir, da nun zwischen mir und dem Feinde
   nichts als die Mauer nur steht und das verschlossene
         Tor? –
Dir aber spannen die Hände der Schicksalsgöttinnen starke
   Fäden bei deiner Geburt, was mich von Herzen erfreut.
Bald auf dem Felde verweilst du und bald im Schatten
         der Halle,   65
   bald auf dem Markt, wo du nur selten verbringst
         deine Zeit.
Jetzt ruft Umbrien dich, und verlangt's dich nach Albas
         Gefilde,
   führt dich der Appische Weg hin auf erglühendem Rad.
Wünschen magst du wohl dort, daß der Kaiser
         berechtigtes Zürnen
   aufgibt und mir dein Haus werde zum gastlichen
         Dach.   70
Ach, zu viel ist, was, Freund, du verlangst: bescheidener
         wünsche!
   Ziehe nur deines Begehrs Segel, ich bitte dich, ein!
Nur ein näheres Land und kein vom Kriege bedrohtes
   gönne man mir, und man nimmt viel meiner Übel mir ab.

II 10
An Macer

Ob du es wohl erkennst an des Siegelbildes Gepräge,
   Macer, daß Naso es ist, der diese Worte dir schreibt?
Und wenn der Ring dir nichts von seinem Besitzer
         verriete,
   siehst du dann wohl an der Schrift, daß meine Hand
         sie geformt?
Oder ging mit der Zeit die Erinnrung daran dir
         verloren?   5
   Kennt dein Auge nicht mehr wieder die Zeichen von
         einst?

sis licet oblitus pariter gemmaeque manusque,
   exciderit tantum ne tibi cura mei,
quam tu vel longi debes convictibus aevi,
   vel mea quod coniunx non aliena tibi est,   10
vel studiis, quibus es, quam nos, sapientius usus,
   utque decet, nulla factus es Arte nocens.
tu canis aeterno quicquid restabat Homero,
   ne careant summa Troica bella manu,
Naso parum prudens, Artem dum tradit amandi,   15
   doctrinae pretium triste magister habet.
sunt tamen inter se communia sacra poetis,
   diversum quamvis quisque sequamur iter:
quorum te memorem, quamquam procul absumus, esse
   suspicor, et casus velle levare meos.   20
te duce magnificas Asiae perspeximus urbes;
   Trinacris est oculis te duce visa meis.
vidimus Aetnaea caelum splendescere flamma,
   subpositus monti quam vomit ore Gigans,
Hennaeosque lacus et olentis stagna Palici,   25
   quaque suis Cyanen miscet Anapus aquis,
nec procul hinc nymphen, quae, dum fugit Elidis amnem,
   tecta sub aequorea nunc quoque currit aqua.

Hättest du aber das Siegel sowohl wie die Handschrift
vergessen –
  wenn nur die Sorge um mich nicht deinem Herzen
entfällt!
Denn die schuldest du teils unsrer lange gepflegten
Gemeinschaft,
  teils dem Gedanken, daß dir meine Gemahlin nicht
fremd,   10
wie auch den Studien, deren du weiser als ich dich
bedient hast,
  da du, wie es geziemt, schuldig durch keinerlei »Kunst«.
Alles besingst du, was bei Homer, dem Ewigen, fehlte,
  daß nicht die letzte Hand misse der troische Krieg,
während der törichte Naso die Kunst zu lieben
behandelt: 15
  was er als Lehrer gelehrt, wird ihm nun schmerzlich
gelohnt.
Dennoch haben gemeinsame Heiligtümer die Dichter,
  wenn uns der Weg auch weit trennt, dem ein jeglicher
folgt.
Daran gedenkst du wohl, obschon ich entfernt bin, das
glaub’ ich,
  glaub’ auch, daß du gewillt seiest, zu mildern mein
Los.   20
Asiens prächtige Städte, von dir geleitet, erblick’ ich,
  schaute, geführt von dir, auch das trinacrische Land,
sah den Himmel erglänzen im Scheine der Flamme des
Ätna,
  wie sie ein Riese, im Berg liegend, versprüht mit dem
Maul,
sah bei Henna die Seen und Palicus’ stinkende Tümpel   25
  und des Anapus Flut, die sich mit Cyane mischt;
sah in der Nähe, wie heute noch eilt, vor dem Flusse
von Elis
  fliehend, geschützt vor des Meers Flut eine Nymphe
dahin.

hic mihi labentis pars anni magna peracta est.
  eheu, quam dispar est locus ille Getis!   30
et quota pars haec sunt rerum, quas vidimus ambo,
  te mihi iucundas efficiente vias!
seu rate caeruleas picta sulcavimus undas,
  esseda nos agili sive tulere rota,
saepe brevis nobis vicibus via visa loquendi,   35
  pluraque, si numeres, verba fuere gradu,
saepe dies sermone minor fuit, inque loquendo
  tarda per aestivos defuit hora dies.
est aliquid casus pariter timuisse marinos,
  iunctaque ad aequoreos vota tulisse deos,   40
et modo res egisse simul, modo rursus ab illis,
  quorum non pudeat, posse referre iocos.
haec tibi cum subeant, absim licet, omnibus annis
  ante tuos oculos, ut modo visus, ero.
ipse quidem certe cum sim sub cardine mundi,   45
  qui semper liquidis altior axtat aquis,
te tamen intueor quo solo pectore possum,
  et tecum gelido saepe sub axe loquor.
hic es, et ignoras, et ades celeberrimus absens,
  inque Getas media iussus ab urbe venis.   50
redde vicem, et, quoniam regio felicior ista est,
  istic me memori pectore semper habe.

Dort einen großen Teil des entgleitenden Jahres
　　　　　　　　　verbracht' ich:
　wehe! wie anders der Ort ist als das getische Land!　　30
Und wie wenig ist das von dem, was wir beide gesehen!
　Dabei machtest du mir immer das Reisen zur Lust,
ob wir im farbigen Schiff die Wogen, die blauen,
　　　　　　　　　durchfurchten
　oder auf rollendem Rad Wagen uns trugen dahin.
Kurz erschien uns der Weg gar oft bei unsren
　　　　　　　　　Gesprächen;　　35
　Worte sprachen wir wohl mehr, als wir Schritte getan;
kürzer als unser Gespräch war der Tag, und es reichten
　　　　　　　　　die langen
　Stunden des Sommertags häufig zum Reden nicht aus.
Viel auch bedeutet's, gemeinsam die Schrecken der See
　　　　　　　　　zu ertragen
　und in vereintem Gebet flehn zu den Göttern der Flut,
Ernstes gemeinsam betrieben zu haben und dann
　　　　　　　　　wieder Scherze,　　41
　die doch nicht schamlos sind, sich zu erzählen davon:
denkst du daran, so werd' ich, wie fern ich auch weile,
　　　　　　　　　zu allen
　Zeiten, wie kürzlich geschaut, dir vor den Augen
　　　　　　　　　doch stehn.
Ich zumindest, verweil' ich unter der Achse der Welt gleich,
　welche sich immer erhebt über die wogende Flut,　　46
blick' ich dennoch nach dir, soweit ich nur kann, in
　　　　　　　　　Gedanken,
　rede mit dir gar oft unter dem frostigen Pol;
hier bist du, ohn' es zu wissen, bist fern und doch
　　　　　　　　　häufig zugegen,
　kommst, aus dem Herzen der Stadt bis zu den Geten
　　　　　　　　　entsandt.　　50
Tu mir ein Gleiches, und da deine Gegend beglückter
　　　　　　　　　als meine,
　halte mich dort bei dir in der Erinnerung fest!

III 2

Quam legis a nobis missam tibi, Cotta, salutem,
    missa sit ut vere perveniatque, precor.
namque meis sospes multum cruciatibus aufers,
    utque sit in nobis pars bona salva facis.
cumque labent aliqui iactataque vela relinquant,   5
    tu lacerae remanes ancora sola rati.
grata tua est igitur pietas. ignoscimus illis,
    qui cum Fortuna terga dedere fugae.
cum feriant unum, non unum fulmina terrent,
    iunctaque percusso turba pavere solet: 10
cumque dedit paries venturae signa ruinae,
    sollicito vacuus fit locus ille metu.
quis non e timidis aegri contagia vitat,
    vicinum metuens ne trahat inde malum?
me quoque amicorum nimio terrore metuque,   15
    non odio, quidam destituere mei.
non illis pietas, non officiosa voluntas
    defuit: adversos extimuere deos.
utque magis cauti possunt timidique videri,
    sic appellari non meruere mali.   20

III 2
An Cotta

Cotta, möge der Glückwunsch, den ich dir sende und
den du
liest, dich erreichen und sich wirklich erfüllen an dir!
Denn bist du glücklich, so minderst du mir meine
Qualen um vieles;
um ein beträchtliches Stück machst du mich wieder
gesund,
und wenn so mancher auch schwankt und verläßt die
schleudernden Segel,   5
bleibst du des lecken Gefährts einziger Anker und Halt.
Tut deine Treue mir wohl, so will ich den andren verzeihen,
die mit dem Glücke zugleich wandten den Rücken
zur Flucht.
Schlagen die Blitze nur einen, so setzen sie viele in
Schrecken:
die den Getroffnen umstehn, pflegen zu beben vor
Angst.   10
Hat eine Wand vom baldigen Einsturz Zeichen gegeben,
gleich ist der Platz um sie her leer aus Besorgnis und
Furcht.
Wer von den Ängstlichen meidet nicht gerne die Nähe
des Kranken,
daß nicht das Übel auch ihn bei der Berührung befällt?
Manche der Freunde drum ließen auch mich aus zu
großer Besorgnis,   15
weil sie erschraken, doch nicht weil sie mich haßten,
im Stich.
Ihnen gebrach es ja nicht an der Treue, am Willen zu
helfen,
aber sie fürchteten sich sehr vor dem göttlichen Zorn:
allzu bedenklich können sie wohl und zaghaft erscheinen;
daß man indessen sie schlecht nennt, das verdienen
sie nicht;   20

aut meus excusat caros ita candor amicos,
   utque habeant de me crimina nulla, favet.
sint hi contenti venia, scierintque licebit
   purgari factum me quoque teste suum.
pars estis pauci melior, qui rebus in artis   25
   ferre mihi nullam turpe putastis opem.
tunc igitur meriti morietur gratia vestri,
   cum cinis absumpto corpore factus ero.
fallor, et illa meae superabit tempora vitae,
   si tamen a memori posteritate legar.   30
corpora debentur maestis exsanguia bustis:
   effugiunt structos nomen honorque rogos.
occidit et Theseus et qui comitavit Oresten:
   sed tamen in laudes vivit uterque suas.
vos etiam seri laudabunt saepe nepotes,   35
   claraque erit scriptis gloria vestra meis.
hic quoque Sauromatae iam vos novere Getaeque,
   et tales animos barbara turba probat.
cumque ego de vestra nuper probitate referrem
   (nam didici Getice Sarmaticeque loqui),   40
forte senex quidam, coetu cum staret in illo,
   reddidit ad nostros talia verba sonos:
'nos quoque amicitiae nomen bene novimus, hospes,
   quos procul a vobis Pontus et Hister habet.

oder mein Herz entschuldigt doch so die teuren Freunde
  und verhindert, daß je Tadel sie treffe von mir.
Mögen sie sich der Verzeihung erfreuen und mögen sie
                                        wissen,
  daß ihr Verhalten von mir selber gerechtfertigt wird;
freilich, die Besseren seid ihr wenigen, die es für
                                        schimpflich   25
  hielten, in all meiner Not mir nicht behilflich zu sein.
Drum wird mein Dank erst dann erlöschen für eure
                                        Verdienste,
  wenn mein Körper erstarb, wenn ich zu Asche verbrannt.
Aber ich täusche mich wohl: mein Dank überdauert
                                        mein Leben,
  wenn auch die Nachwelt noch, meiner gedenkend,
                                        mich liest.   30
Nur die verblichenen Leiber gehören den traurigen
                                        Flammen;
  Ruhm und Name entfliehn aus dem geschichteten Holz.
Sank auch Theseus dahin und auch des Orestes Gefährte,
  beide leben sie doch fort zu unsterblichem Ruhm.
Oftmals werden auch euch die späten Enkel noch
                                        loben,   35
  und es erstrahlt euer Ruhm künftig durch das, was
                                        ich schrieb.
Hier selbst seid ihr bereits bekannt bei Sarmaten und
                                        Geten:
  solche Gesinnungen lobt selbst ein barbarisches Volk,
und als ich hier von eurer Beständigkeit neulich erzählte –
  hab' ich sarmatisch und auch getisch doch sprechen
                                        gelernt –,   40
da hat ein Greis, der gerade bei jenen Gesprächen
                                        dabeistand,
  mir auf meinen Bericht folgende Antwort erteilt:
»Fremdling, auch uns ist gar wohl bekannt der Name
                                        der Freundschaft,
  uns, die wir ferne von euch wohnen im pontischen Land.

est locus in Scythia, Tauros dixere priores,   45
    qui Getica longe non ita distat humo.
hac ego sum terra (patriae nec paenitet) ortus:
    consortem Phoebi gens colit illa deam.
templa manent hodie vastis innixa columnis,
    perque quater denos itur in illa gradus.   50
fama refert illic signum caeleste fuisse:
    quoque minus dubites, stat basis orba dea;
araque, quae fuerat natura candida saxi,
    decolor adfuso tincta cruore rubet.
femina sacra facit taedae non nota iugali,   55
    quae superat Scythicas nobilitate nurus.
sacrifici genus est, sic instituere parentes,
    advena virgineo caesus ut ense cadat.
regna Thoans habuit Maeotide clarus in ora,
    nec fuit Euxinis notior alter aquis.   60
sceptra tenente illo liquidas fecisse per auras
    nescioquam dicunt Iphigenian iter.
quam levibus ventis sub nube per aethera vectam
    creditur his Phoebe deposuisse locis.
praefuerat templo multos ea rite per annos,   65
    invita peragens tristia sacra manu:
cum duo velifera iuvenes venere carina
    presseruntque suo litora nostra pede.

Skythien hat eine Gegend – die Alten benannten sie
                                        Tauris –,   45
    welche nicht allzu entfernt liegt von dem getischen Volk.
Dort bin ich einst geboren und schäme mich nicht
                                        meiner Heimat:
    Phoebus' Schwester verehrt dort ja als Göttin das
                                        Volk.
Heute noch steht ihr Tempel, gestützt auf gewaltige Säulen,
    und über viermal zehn Stufen gelangt man hinein.   50
Sagen erzählen, es sei dort ein himmlisches Standbild
                                        gewesen;
    leer, seiner Göttin beraubt, ist noch der Sockel Beweis,
und der Altar, der einst nach des Steines Beschaffenheit
                                        weiß und
    farblos war, der ist jetzt rot, weil vom Blute bespritzt.
Priesterin ist ein Weib, dem die Hochzeitsfackel nicht
                                        leuchtet,   55
    welches durch edle Geburt skythische Frau'n überragt.
Bei diesem Opfer ist's Brauch – so ward es bestimmt
                                        von den Ahnen –,
    daß durch der Jungfrau Schwert leidet der Fremdling
                                        den Tod.
Thoas hatte die Herrschaft, berühmt am mäotischen
                                        Strande,
    war doch am Gastlichen Meer keiner bekannter
                                        als er.   60
Als er das Zepter führte, so sagt man, sei durch die Lüfte
    eine dahergeschwebt, Iphigeneia genannt.
Sie, die bei sanftem Wind, in die Wolke gehüllt,
                                        durch den Äther
    zog, hat Diana bei uns niedergesetzt, wie man glaubt.
Jahre hindurch verwaltete sie nach dem Brauche den
                                        Tempel,   65
    hat mit sich sträubender Hand düstere Opfer gebracht,
bis zwei Jünglinge kamen auf segeltragendem Kiele,
    landeten und ihren Fuß setzten auf unseren Strand.

par fuit his aetas et amor, quorum alter Orestes,
   alter erat Pylades: nomina fama tenet.   70
protinus inmitem Triviae ducuntur ad aram,
   evincti geminas ad sua terga manus.
spargit aqua captos lustrali Graia sacerdos,
   ambiat ut fulvas infula longa comas.
dumque parat sacrum, dum velat tempora vittis,   75
   dum tardae causas invenit ipsa morae,
"non ego crudelis, iuvenes (ignoscite)" dixit
   "sacra suo facio barbariora loco.
ritus is est gentis. qua vos tamen urbe venitis?
   quodve parum fausta puppe petistis iter?"   80
dixit, et audito patriae pia nomine virgo
   consortes urbis comperit esse suae.
"alter ut e vobis" inquit "cadat hostia sacris,
   ad patrias sedes nuntius alter eat."
ire iubet Pylades carum periturus Oresten;   85
   hic negat, inque vices pugnat uterque mori.
extitit hoc unum, quo non convenerit illis:
   cetera par concors et sine lite fuit.
dum peragunt iuvenes pulchri certamen amoris
   ad fratrem scriptas exarat illa notas.   90

Alter und Liebe verbanden die beiden; die Sage bewahrte
   uns ihre Namen: Orest hießen und Pylades sie.   70
Diese nun werden sogleich, auf den Rücken die Hände
                 gebunden,
   hin zu dem grausen Altar Trivias beide geführt.
Weihwasser sprengt die griechische Priesterin auf die
                 Gefangnen,
   wickelt ums goldene Haar ihnen das wollene Band.
Während sie rüstet das Opfer, die Binden hüllt um die
                 Schläfen,   75
   während sie Gründe noch selbst, länger zu zögern,
                 ersinnt,
sagt sie: ›Nicht ich bin grausam, Jünglinge: wollt mir
                 verzeihen;
   Opfer verricht' ich: sie sind grausamer noch als der
                 Ort.
Dies ist der Brauch des Volks. Doch sagt, von woher ihr
                 gekommen,
   sagt, welchen Weg ihr gesucht auf dem verderblichen
                 Schiff!‹   80
Sprach's, und die Jungfrau hörte, die fromme, den
                 Namen der Heimat:
   Landsleut' waren die zwei aus ihrer eigenen Stadt:
›Falle denn einer von euch am Altar als Opfer‹, so
                 sprach sie;
   ›aber als Bote nach Haus kehre der andre zurück!‹
Pylades bittet Orestes zu gehen, entschlossen zum
                 Tode;   85
   dieser verweigert's: es sind beide zu sterben gewillt.
Dies war das einzige Mal, daß das Paar sich nicht
                 einigen konnte:
   immer in Eintracht sonst lebten die zwei, ohne Zwist.
Während den Streit ihrer herrlichen Liebe die Jünglinge
                 führen,
   kritzelt rasch sie ein Wort hin ihrem Bruder zum
                 Gruß   90

ad fratrem mandata dabat, cuique illa dabantur
   (humanos casus aspice!) frater erat.
nec mora, de templo rapiunt simulacra Dianae,
   clamque per inmensas puppe feruntur aquas.
mirus amor iuvenum: quamvis abiere tot anni,   95
   in Scythia magnum nunc quoque nomen habent.'
fabula narrata est postquam vulgaris ab illo,
   laudarunt omnes facta piamque fidem.
scilicet hac etiam, qua nulla ferocior ora est,
   nomen amicitiae barbara corda movet.   100
quid facere Ausonia geniti debetis in urbe,
   cum tangant duros talia facta Getas?
adde quod est animus semper tibi mitis, et altae
   indicium mores nobilitatis habent,
quos Volesus patrii cognoscat nominis auctor,   105
   quos Numa materni non neget esse suos,
adiectique probent genetiva ad nomina Cottae,
   si tu non esses, interitura domus.
digne vir hac serie, lapso succurrere amico
   conveniens istis moribus esse puta.   110

und gab einem den Brief an den Bruder, und der ihn
            empfangen –
  siehe der Menschen Geschick! –, ward als der Bruder
            erkannt.
Eilends reißen sie jetzt aus dem Tempel das Bild der
            Diana,
  führen's im Schiffe hinweg heimlich durch endloses
            Meer.
Wunderbar war der Jünglinge Liebe: Jahrhunderte
            schwanden,   95
  aber in Skythien lebt heute ihr Name noch fort.«
Als von dem Alten die allen bekannte Geschichte
            erzählt war,
  lobten sie alle die Tat, lobten die Liebe und Treu'.
Also auch hier an der Küste, die wilder als jegliche andre,
  wird ein barbarisches Herz doch von der Freundschaft
            gerührt.   100
Was aber müßt ihr tun, in Italiens Hauptstadt Geborne,
  wenn einen Geten sogar solches Verhalten bewegt?
Nimm hinzu, daß du immer von Güte beseelt bist, dein
            Wesen
  hohen Adels Gepräg', edle Gesinnung verrät:
auch Volesus würde sie preisen, der Ahn deines Vaters,   105
  Numa, der Mutter Ahn, säh' als die seine sie an;
billigen würden es auch die zu Cottas Geschlechte
            Gekommnen,
  dieses, wenn du nicht wärst, bald schon erlöschende
            Haus:
Mann, dieser Ahnen so würdig, o glaub: dem
            gesunkenen Freunde
  Hilfe zu bringen ist ganz solcher Gesinnung gemäß.   110

IV 13

O mihi non dubios inter memorande sodales,
   qui quod es, id vere, Care, vocaris, ave!
unde salutaris, color hic tibi protinus index
   et structura mei carminis esse potest.
non quia mirifica est, sed quod nec publica certe est: 5
   qualis enim cumque est, non latet esse meam.
ipse quoque, ut titulum chartae de fronte revellas,
   quod sit opus, videor dicere posse, tuum.
quamlibet in multis positus noscere libellis,
   perque observatas inveniere notas.   10
prodent auctorem vires, quas Hercule dignas
   novimus atque illi, quem canis ipse, pares.
et mea Musa potest, proprio deprensa colore,
   insignis vitiis forsitan esse suis.
tam mala Thersiten prohibebat forma latere,   15
   quam pulchra Nireus conspiciendus erat.
nec te mirari, si sint vitiosa, decebit
   carmina, quae faciam paene poeta Getes.
a! pudet, et Getico scripsi sermone libellum,
   structaque sunt nostris barbara verba modis: 20
et placui (gratare mihi) coepique poetae
   inter inhumanos nomen habere Getas.

IV 13
An Carus

Du, den ich zählen muß zu den niemals wankenden
                    Freunden,
  der du nach dem, was du bist, Carus dich nennst, sei
                    gegrüßt!
Freilich, von wo du gegrüßt wirst, zeigt wohl alsbald
                    diese Tonart
  und der Gedankengang meines Gedichtes dir an,
nicht weil er wunderbar ist, doch weil er gewiß nicht
                    alltäglich;   5
  wie er auch sei – er verhehlt nicht als der meinige sich.
Glaub' ich doch selbst, auch wenn du den Titel des
                    Buches beseitigst,
  daß ich beurteilen kann, ob es ein Werk ist von dir:
unter wie vielen Büchern du liegest, man wird dich
                    erkennen;
  Merkmale gibt es, daran findet man stets dich heraus. 10
Kräfte verraten den Dichter, die ich als Herkules' würdig
  kenne und jenem gleich, welchen du selber besingst;
auch meine Muse ist so an dem eigenen Ton zu
                    erkennen,
  und ihre Fehler sogar sind wohl bezeichnend für sie:
Häßlichkeit ließ den Thersites nicht im Verborgenen
                    bleiben;   15
  durch seine Schönheit zog Nireus die Blicke auf sich.
Und die Gedichte, die ich als nahezu getischer Dichter
  mache – verwundre dich nicht, sollten sie fehlerhaft
                    sein!
O welche Schmach! Ich hab' auch in getischer Sprache
                    gedichtet,
  hab' mit barbarischem Wort unsere Maße erfüllt,   20
und ich gefiel – beglückwünsche mich! – und begann,
                    eines Dichters
  Namen zu haben im Mund fühllosen getischen Volks.

materiam quaeris? laudes: de Caesare dixi.
    adiuta est novitas numine nostra dei.
nam patris Augusti docui mortale fuisse   25
    corpus, in aetherias numen abisse domos;
esse parem virtute patri, qui frena rogatus
    saepe recusati ceperit imperii;
esse pudicarum te Vestam, Livia, matrum,
    ambiguum nato dignior anne viro;   30
esse duos iuvenes, firma adiumenta parentis,
    qui dederint animi pignora certa sui.
haec ubi non patria perlegi scripta Camena,
    venit et ad digitos ultima charta meos,
et caput et plenas omnes movere pharetras,   35
    et longum Getico murmur in ore fuit.
atque aliquis 'scribas haec cum de Caesare' dixit
    'Caesaris imperio restituendus eras.'
ille quidem dixit: sed me iam, Care, nivali
    sexta relegatum bruma sub axe videt.   40
carmina nil prosunt. nocuerunt carmina quondam,
    primaque tam miserae causa fuere fugae.
at tu, per studii communia foedera sacri,
    per non vile tibi nomen amicitiae
(sic capto Latiis Germanicus hoste catenis   45
    materiam vestris adferat ingeniis:

Fragst du nach meinem Stoff? Du magst ihn wohl
       loben: vom Kaiser
 sang ich! Des Gottes Gewalt half, wo die Übung
      gebrach.
Denn, des erhabenen Vaters Leib sei sterblich gewesen,   25
 lehrt' ich, zu himmlischen Höhn sei er als Gottheit
      geschwebt;
gleich an Tugend dem Vater sei Er, der die Zügel der
      Herrschaft,
 die er gar oft verschmäht habe, auf Bitten ergriff;
du aber, Livia, seiest die Vesta der züchtigen Mütter;
 fraglich sei nur, ob des Sohns würdiger, ob des
      Gemahls;   30
schon zwei Jünglinge seien die festen Stützen des Vaters,
 die ihres heldischen Muts sichre Beweise erbracht.
Als ich nun dieses Gedicht in der fremden Sprache verlesen
 und mir das Ende der Schrift glitt durch die Finger
      der Hand,
haben sie alle ihr Haupt und die vollen Köcher
      geschüttelt;   35
 langes Gemurmel erhob unter den Geten sich nun,
und »Da du dies vom Kaiser geschrieben«, versicherte
      einer,
 »müßtest du lange daheim sein auf des Kaisers Befehl.«
So zwar sagte er, mich aber, Carus, sieht schon der sechste
 Winter verwiesen, verbannt unter dem eisigen Pol!   40
Dichtungen nützen mir nichts, einst haben sie gar mir
      geschadet,
 waren der erste Grund, der in das Elend mich trieb.
Du aber, bei den geweihten Bemühungen, die uns
      verbinden,
 bei deiner Treue zum Freund, die dir kein nichtiger
      Schall –
möge Germanicus fesseln den Feind mit römischen
      Ketten   45
 und deiner Dichtkunst so bieten gewaltigen Stoff,

sic valeant pueri, votum commune deorum,
  quos laus formandos est tibi magna datos),
quanta potes, praebe nostrae momenta saluti,
  quae nisi mutato nulla futura loco est.   50

mögen die Söhne der Götter gedeihen, wie alle es
                                        wünschen,
  deren Erziehung man dir ehrenvoll jüngst übertrug! –
Trage doch bei, soviel du vermagst, zu meiner Errettung:
  niemals gibt es sie ja, wenn ich nicht wechsle den Ort.   50

Anhang

Anmerkungen

Mit der Sigle *T* wird auf die *Tristia*, mit *P* auf die *Epistulae ex Ponto* verwiesen.

Tristia

I 3

29 *Hochburg:* das Kapitol.

33 *Quirinus:* Romulus, der sagenhafte Gründer Roms.

37 *dem göttlichen Mann:* Augustus (ebenso V. 40 *Gott*).

43 *Laren:* römische Hausgötter wie die *Penaten* (V. 45).

48 *der parrhasische Bär:* der Große Bär. Kallisto, die, weil Juppiter mit ihr geschlafen hatte, von Juno in eine Bärin verwandelt und von Juppiter zusammen mit ihrem Sohn Arkas als Sternbild an den Himmel versetzt wurde (vgl. Ovid, *Metamorphosen* II 401 ff.), stammte aus Arkadien, dessen südlicher Teil Parrhasien hieß.

61 *Skythien:* Land der Skythen, die gefürchtete Bogenschützen waren, zwischen Don und Donau.

66 *Theseus:* Seine Freundschaft mit Pirithous war sprichwörtlich (zum Mythos vgl. zu T I 5,19 f.).

75 f. *Mettus:* Mettus Fufidius, albanischer Feldherr und Bundesgenosse des sagenhaften römischen Königs Tullus Hostilius. Er ließ die Römer im Krieg gegen Veji im Stich und wurde deshalb auf die in V. 75 f. beschriebene Weise hingerichtet.

I 5

7 *setze ich Zeichen statt Namen:* vgl. Nachwort, S. 187.

19 f. *Theseus:* begleitete seinen Freund Pirithous in die Unterwelt, um ihm bei der Entführung der Proserpina zu helfen.

21 f. *Phokier:* Pylades, der treu zu seinem Freund Orestes hielt, als dieser wegen der Ermordung seiner Mutter Klytämnestra von den *Furien* (Rachegöttinnen) verfolgt wurde.

23 f. *Euryalus:* Trojaner im Gefolge des Äneas. Als er zusammen mit seinem Freund *Nisus*, dem Sohn des *Hyrtacus*, in das Lager der *Rutuler* eindringt, werden beide getötet, weil keiner den anderen verlassen will (Vergil, *Aeneis* IX 176 ff.).

38 *den zürnenden Gott:* Augustus (ebenso V. 44 und 75).

60 *Dulichium:* Insel nahe der Insel Ithaka, der Heimat des Odysseus.

62 *Geten:* im Norden Mösiens an der Donau wohnende Thraker.

67 *Samos:* Insel nahe Ithaka.

76 *die Göttin:* Minerva.

78 *Juppiter:* Augustus.

II

8 *der »Kunst«:* der Liebeskunst (vgl. Nachwort, S. 172).

13 *die kunstreichen Schwestern:* die neun Musen.

19 f. *der einst in Mysien herrschte:* Telephus. Achilles verletzte ihn mit seinem Speer und heilte später die Wunde mit Spänen derselben Waffe.

24 *Ops:* italische Muttergottheit, die wie die orientalische Vegetationsgöttin Kybele einen Mauerkranz über der Stirn trug; die hier erwähnte Feier zu ihren Ehren, bei der ein Frauenchor sang, fand wohl bei der Einweihung des von Augustus neu erbauten Tempels der Kybele auf dem Palatin statt.

25 *die Spiele:* die Säkularfeier des Jahres 17 v. Chr.

61 *jene, in denen ich fehlte:* die drei Bücher *Liebeskunst*.

63 *das größere Werk:* die *Metamorphosen*; die in V. 65 erwähnte *Verherrlichung* steht dort XV 857 ff.

71 *Giganten:* von der Erdmutter Gaia geborene Riesen mit Schlangen statt Beinen, die sich gegen die Herrschaft der olympischen Götter auflehnten.

90 f. *als ich vorbei auf dem Pferd ritt:* Alljährlich fand der Vorbeizug der römischen Ritter, zu denen Ovid gehörte, vor dem Kaiser statt. Wer unbeanstandet passierte, durfte annehmen, daß Augustus seine Lebensführung während des verflossenen Jahres billigte.

93 *den zehnmal zehn Männern:* Anspielung auf eines der drei juristischen Ämter, die Ovid bekleidete, hier seine Tätigkeit als einer der *centumviri*, eines Gerichtshofes, vor dem Zivilprozesse ausgetragen wurden. Außerdem war Ovid Mitglied der *tresviri capitales*, die mit der Aufsicht der Gefängnisse und des Vollzugs von Körperstrafen betraut waren (vgl. T IV 10,34), sowie Einzel*richter* (V. 95), ein gelegentlich bei Privatklagen fungierender Schiedsmann, auf den beide Parteien sich einigten.

97 *das Letzte:* der *error* (vgl. dazu Nachwort, S. 172 f.), auf den im folgenden mehrfach angespielt wird.

105 *Actaeon:* thebanischer Königssohn, der *Diana* unabsichtlich beim Baden sah, von ihr in einen Hirsch verwandelt und von seinen eigenen Hunden zerrissen wurde (vgl. Ovid, *Metamorphosen* III 131 ff.).

138 *ein Verwiesener:* Über die Verbannungsform der *relegatio* vgl. Nachwort, S. 171.

165 *dein Sohn:* Tiberius, Livias Sohn aus erster Ehe, von Augustus 4 n. Chr. adoptiert; er ist auch V. 171–174 gemeint.

167 *deine Enkel:* Drusus, Sohn des Tiberius, und Germanicus, Neffe und Adoptivsohn des Tiberius.

190 *des Wagengestirns:* des Großen Bären (vgl. zu T I 3,48).

191 *Kolcher, Kizyger ... tereteische Scharen ...:* Volksstämme, die in den Gebieten von der Donaumündung bis zur Ostküste des Schwarzen Meeres lebten.

197 *Euxinus:* Die Westküste des Schwarzen Meeres (*Pontus*), das meist euphemistisch als »Gastliches Meer« (griech. *Póntos Eúxeinos*) bezeichnet wurde.

198 *Bastarner:* germanischer Stamm am Unterlauf der Donau.

207 *Gedicht:* die *Liebeskunst.* Hier beginnt eine umfassende Widerlegung des einen der beiden Anklagepunkte gegen Ovid, seine *Liebeskunst* lehre den Ehebruch (vgl. dazu Nachwort, S. 172).

220 *den stets wechselnden Versen:* Hexameter und Pentameter, die zusammen das elegische Distichon bilden.

225 *Pannonien:* das heutige Ungarn. Die *illyrische Küste* ist die Ostküste der Adria. Angespielt wird auf die Niederwerfung des dalmatisch-pannonischen Aufstandes durch Tiberius (6–9 n. Chr.).

226 *Raetier:* Germanen im Gebiet zwischen Donau, Rhein und Lech, die 15 v. Chr. unterworfen wurden.
Thrakier: Ihr Widerstand gegen die römische Herrschaft wurde erst 45 n. Chr. gebrochen.

227 f. *der parthische Reiter:* Die Parther, Bewohner des heutigen Iran, hatten die römischen Feldherrn Crassus und Antonius vernichtend geschlagen, gaben aber bei Gelegenheit eines mit Augustus im Jahre 20 v. Chr. geschlossenen Friedens die bis dahin erbeuteten römischen *Fahnen* zurück.

229 *dein Sohn:* Tiberius (vgl. zu V. 165). Seine Erfolge in Germanien 4/5 n. Chr. fanden durch die Niederlage des Varus im Teutoburger Wald 9 n. Chr. ein jähes Ende.

247 *»Haltet euch fern ...«:* V. 247–250 ist Zitat von V. 31–34 der *»Liebeskunst«,* die freie römische Ehefrauen (erkennbar an ih-

ren *Kopfbinden* und dem *Besatz* ihrer *stola*) als Adressaten der
Liebeslehren Ovids betont ausschließen; nur Libertinen sollen
sich von dem *praeceptor amoris* unterweisen lassen.

259 f. »*Annalen*«: Versepos des Q. Ennius (239–169 v. Chr.), in dem
u. a. erzählt wurde, wie *Ilia* (Rhea Silvia), von Gott Mars ver-
gewaltigt, Mutter des Romulus und Remus wurde.

261 f. *das Buch* »*Stamm-Mutter der Aeneaden*«: Lukrez, *Die Natur
der Dinge* (*De rerum natura*), ein vor 55 v. Chr. entstandenes
didaktisches Epos, das mit einem Venus-Hymnus (V. 1: *Aenea-
dum genetrix …*) beginnt. Die Göttin wurde von Anchises
Mutter des Aeneas und damit Stammutter des römischen Vol-
kes.

279 *die Spiele:* Bei den mehrmals im Jahr stattfindenden römischen
Festspielen wurden sportliche Wettkämpfe – u. a. Gladiatoren-
gefechte und Wagenrennen – veranstaltet und Theaterstücke
aufgeführt.

282 *der Sand:* wurde bei Gladiatorenkämpfen im Theater auf den
gepflasterten Boden gestreut, damit die Fechter nicht ausglitten
und das Blut versickern konnte.

283 *Zirkus:* der Circus Maximus zwischen Aventin und Palatin, der
Circus Flaminius auf dem Marsfeld.

285 f. *die Hallen:* In der *Liebeskunst* (I 67 ff.) nennt Ovid die Säu-
lenhallen Roms als bevorzugte Orte zum Knüpfen erotischer
Kontakte.

293 f. *Pallas:* Als Vulcanus ihr nachstellte, entstand aus seinem Sa-
men, den er verlor, *Erichthonius*, den die Göttin dann aufzog.

296 *ihr Mann:* Vulcanus, der von seiner Gattin Venus mit Mars be-
trogen wurde; die Entdeckung des Liebespaars durch eine List
erzählt Homer in der *Odyssee* (VIII 266–366).

297 *Isis:* ägyptische Göttin, hier gleichgesetzt mit Io, die Juppiter,
nachdem er sie vergewaltigt hatte, in eine Kuh verwandelte, um
Juno zu täuschen. Diese ließ Io durch eine Bremse über Länder
und Meere nach Ägypten jagen (vgl. Ovid, *Metamorphosen*
I 568 ff.).

299 f. *bei Venus …:* kurze Aufzählung von erotischen Beziehungen
zwischen Göttinnen und sterblichen Männern: *Venus* und *An-
chises, Luna* und der *latmische Heros* Endymion, *Ceres* und
Iasion.

303 *nur für die lockeren Damen:* vgl. zu V. 247.

311 *Vestalinnen:* zu absoluter Keuschheit verpflichtete Priesterin-
nen der Vesta, der römischen Göttin des Herdfeuers.

319f. *vom blutigen Zwiste der Brüder:* Eteokles und Polyneikes, die Söhne des Königs Ödipus von *Theben*, töteten einander im Zweikampf, nachdem Polyneikes zusammen mit sechs anderen Heroen vergeblich die *sieben Tore* der Stadt berannt hatte.

332 *die kleinere Form:* Die antike Literaturtheorie faßte die erotische Elegie im Vergleich mit dem Heldenepos als »kleine« Gattung auf.

333 *Giganten:* vgl. zu V. 71.

359 *Accius:* römischer Tragödiendichter (170 – um 85 v. Chr.). *Terentius:* römischer Komödiendichter (um 195–159 v. Chr.).

361 *nicht ich nur:* Der folgende Abschnitt (V. 361–470) enthält eine von Homer bis zu Ovids Zeit reichende Übersicht über griechische und römische Dichtungen mit erotischer Thematik.

363 *Sängers von Teos:* der griechische Lyriker Anakreon (Mitte des 6. Jh.s v. Chr.).

365 *Sappho:* griechische Lyrikerin (um 600 v. Chr.).

367 *Kallimachos:* der bedeutendste hellenistische Dichter (um 300–240 v. Chr.).

369 *Menander:* athenischer Komödiendichter (342–291 v. Chr.).

371 *die Ilias:* Homers Epos (8. Jh. v. Chr.) erzählt einen kurzen Abschnitt aus der Endphase des Trojanischen Krieges, der durch den *Ehebruch* des Paris mit Helena ausgelöst wurde.

373 *Briseïs:* Gefangene der Griechen vor Troja, ursprünglich dem Achilles zugesprochen, diesem aber von Agamemnon weggenommen; Achilles' Zorn darüber setzt die Handlung der *Ilias* in Gang.

375f. *Ein Weib:* In Homers *Odyssee* (7. Jh. v. Chr.) wird Penelope während der zwanzigjährigen Abwesenheit ihres *Gatten* von zahlreichen Freiern begehrt.

377f. *Mars und Venus:* vgl. zu V. 296.

379f. *dem maeonischen Dichter:* Homer. Er erzählt in der *Odyssee*, wie Odysseus sich während seiner Heimfahrt von den *zwei Göttinnen* Kalypso und Kirke aufhalten läßt.

383 »*Hippolytus*«: Tragödie des Euripides (um 480–406 v. Chr.), in der dargestellt wird, wie Hippolytus die Liebe seiner *Stiefmutter* Phädra verschmäht. Die Tragödien, auf die Ovid im folgenden anspielt, sind größtenteils verloren.

384 *Kanake:* Tochter des Äolus, die ihren *Bruder* Makareus liebte und das Kind, das sie von ihm empfing, töten mußte.

385f. *der elfenbeinerne Pelops:* wurde von seinem Vater Tantalus den Göttern als Speise vorgesetzt. Diese machten ihn wieder le-

bendig und gaben ihm statt der Schulter, die Ceres verzehrt
hatte, eine elfenbeinerne. Um *Hippodamia* zu gewinnen, mußte
Pelops ihren Vater im Wagenrennen besiegen.

387 f. *eine Mutter:* Medea, die in der gleichnamigen Tragödie des
Euripides *ihre Söhne* tötet, nachdem Jason, dem sie beim Raub
des Goldenen Vlieses aus Kolchis geholfen hatte, sie verlassen
und die korinthische Königstochter geheiratet hat.

389 f. *den König:* Tereus, der Philomela, die Tochter Pandions und
Schwester von Tereus' Gattin Prokne, vergewaltigte. Als die
Schwestern ihm aus Rache seinen Sohn *Itys* als Speise vorge-
setzt hatten, wurde Tereus in einen Wiedehopf *verwandelt*,
Philomela in eine Nachtigall und Prokne in eine Schwalbe (vgl.
Ovid, *Metamorphosen* VI 412 ff.).

391 f. *Aërope:* Gattin des Atreus, die von dessen *Bruder* Thyestes
verführt wurde, woraufhin Atreus dem Thyestes seine Söhne
zum Mahl vorsetzte. Aus Entsetzen darüber ließ der Sonnen-
gott *Sol* am Himmel seine Pferde wenden.

393 f. *Scylla:* verliebte sich in König Minos, der ihre Vaterstadt bela-
gerte, und schnitt deshalb ihrem *Vater* Nisus eine Locke ab,
von der die Leben und Herrschaft des Nisus abhing (vgl. Ovid,
Metamorphosen VIII 1 ff.).

395 f. *Electra:* half ihrem Bruder *Orestes,* ihre Mutter *Clytaemne-
stra* und deren Liebhaber *Aegisth* zu töten, um so die Ermor-
dung ihres Vaters Agamemnon zu rächen. Der Stoff wurde von
den drei attischen Tragödiendichtern Aischylos (*Choephoren*),
Sophokles (*Elektra*) und Euripides (*Elektra*) behandelt.

397 f. *Bezwinger Chimaeras:* Bellerophon, der, weil er die Liebe der
Frau seines Gastgebers nicht erwidert hatte, von ihr verleumdet
wurde und deshalb mit der Chimaera, einem feuerspeienden
Mischwesen aus Schlange, Ziege und Löwin, kämpfen mußte.

399 *Hermione:* Tochter der Helena und des Menelaus, die, mit
Orestes verlobt, von Neoptolemus zur Ehe gezwungen wurde.
schoineïsche Jungfrau: Atalanta, Tochter des Schoeneus, erklär-
te, von vielen Freiern umworben, nur den zu heiraten, der sie
im Wettlauf besiege.

400 *Phoebuspriesterin:* Kassandra, Tochter des Trojanerkönigs Pria-
mus, die der *Mykener* Agamemnon zu seiner Geliebten machte.

401 *Danaë:* Juppiter verführte sie in Gestalt eines Goldregens, wäh-
rend ihr Vater Akrisius sie in einem Turm gefangenhielt.
Danaës Schwiegertochter: Andromeda, die von Perseus vor
einem Seeungeheuer gerettet wurde.

401 *die Mutter des Bacchus:* Semele, Geliebte Juppiters.
402 *Haemon:* Sohn des Königs Kreon von Theben, mit Antigone,
   der Tochter des Ödipus, verlobt.
   jene: Alkmene. Als Juppiter sie in Gestalt ihres Mannes Am-
   phytrion verführte, vereinte er zwei Nächte zu einer.
403 f. *Pelias' Schwiegersohn:* Admetus, Gatte der Alkestis, die sich,
   als er sterben sollte, für ihn opferte.
   Theseus: verließ Ariadne, obwohl sie ihm auf Kreta bei der Tö-
   tung des Minotaurus geholfen hatte, bei der Heimkehr nach
   Athen auf der Insel Naxos.
   ihn: Protesilaus. Er fiel als erster Grieche vor Troja, woraufhin
   ihm seine Gattin Laodamia in den Tod folgte.
405 *Iole:* Geliebte des Herkules, der mit ihr seine *Gattin* Deianira
   betrog.
   die Mutter des Pyrrhus: Deïdamia, die Achilles in Mädchenklei-
   dern vergewaltigte und mit der er dabei den Pyrrhus (Neopto-
   lemus) zeugte.
406 *Hylas:* von Herkules geliebter Knabe.
   Ganymedes: von Juppiter geliebter Knabe.
411 f. *der verbuhlt den Achilles zeigt:* wahrscheinlich Anspielung
   auf eine Version des Mythos von der Freundschaft des Achilles
   mit Patroklus, in der diese als homoerotische Beziehung darge-
   stellt wurde.
413 f. *milesische Frevel:* die *Milesiaka* des Aristides, eine um 100
   v. Chr. verfaßte, leider nicht erhaltene Sammlung erotischer
   Novellen.
415 *Eubius:* verfaßte ein nicht weiter bekanntes Werk über die Ab-
   treibung.
417 *»Sybaritica«:* erotische Erzählungen eines Hemitheon von
   Sybaris, über die nichts Näheres bekannt ist.
419 f. *Herrscher tragen freigebig bei …:* wahrscheinlich eine An-
   spielung auf die von Augustus der Stadt Rom gestifteten beiden
   öffentlichen Bibliotheken (vgl. zu T III 1,64 f. und 71 f.).
423 f. *Ennius:* vgl. zu V. 259 f.
425 f. *Lucretius:* vgl. zu V. 261 f.
427 f. *Catull:* römischer Lyriker (um 87–54 v. Chr.), der ins Zen-
   trum seiner Gedichtsammlung seine Liebe zu Lesbia (Deck-
   name für eine Clodia) stellt.
431 *Calvus:* C. Licinius Calvus, römischer Lyriker der späten
   Republik, den man zusammen mit Catull zur Dichtergruppe
   der Neoteriker zählt. Seine Werke sind ebenso verloren wie

die der in V. 432–442 aufgezählten Dichter: *Ticidas, Memmius,* C. Helvius *Cinna, Anser, Cornificius,* Valerius *Cato, Perilla* (Deckname einer *Metella?*), Varro Atacinus (Verfasser eines Argonautenepos), *Hortensius, Servius.*

443 f. *Sisenna:* römischer Historiker des 1. Jh.s v. Chr., der die *Milesiaka* des *Aristides* (vgl. zu V. 413 f.) ins Lateinische übertrug.

445 *Gallus:* Cornelius Gallus (um 69–26 v. Chr.), begründete mit seinen (verlorenen) vier Büchern *Amores,* in denen das lyrische Ich seine Liebe zu *Lycoris* darstellte, den elegischen Gattungstyp »römische Liebeselegie«, zu dem auch die Gedichtsammlungen des Properz (um 50 – nach 16 v. Chr.), Tibull (um 55 – nach 19 v. Chr.) und Ovids *Amores* zu rechnen sind.

446 *nicht seine Zunge gezähmt:* Gallus fiel bei Augustus wegen übertriebenen Selbstlobs und kritischer Äußerungen über den Kaiser in Ungnade.

447 *Tibullus:* vgl. zu V. 445. In V. 447–462 spielt Ovid mehrfach auf Tibull-Verse (bes. der Elegien I 5 und 6) an, die sich ohne weiteres als Liebeslehren auffassen lassen.

465 *Properz:* vgl. zu V. 445.

471 *Würfel:* In V. 471–496 nennt Ovid Themen von zu seiner Zeit entstandenen Lehrgedichten über Vergnügungen wie Würfeln, Ball- und Reifenspiel, Schwimmen usw. Etwas länger hält er sich in diesem Zusammenhang beim Würfelspiel auf, vermutlich weil Augustus diesen Zeitvertreib sehr schätzte (vgl. Sueton, *Divus Augustus* 71). Die von Ovid für die verschiedenen Spielmethoden verwendeten Begriffe sind für uns nur noch z. T. verständlich; hier genüge daher der Hinweis, daß die in V. 473 genannten *Knöchel* als Würfel verwendet wurden und daß man mit *Hund* (V. 474) den schlechtesten Wurf bezeichnete.

497 *Schwänke:* Die im folgenden beschriebenen *mimi* waren realistische, komödienhafte Darstellungen aus dem Leben mit einfacher, oft derber und obszöner Handlung, Gesang, Musikbegleitung und Tanzeinlagen.

508 *vom Prätor bezahlt:* Hohe römische Beamte, Prätoren und Ädile, oder auch der Kaiser selbst, bezahlten Aufführungen von Mimen aus der eigenen Tasche, um die Gunst des Volkes zu gewinnen.

525 *Telamonsohn:* Aiax, dessen *Zorn* darüber, daß Odysseus ihm die Waffen des Achilles mit Erfolg streitig machte, sich zu einem Wahnsinnsanfall steigerte.

526 *Medea:* vgl. zu V. 387 f.

527 *Venus:* Die Göttin, die der Sage nach aus dem Meer geboren wurde, hatte der griechische Maler Apelles von Kos (4. Jh. v. Chr.) auf einem berühmten Gemälde (»Aphrodite Anadyomene«) in der hier beschriebenen Weise dargestellt.

533 *der glückliche Dichter deiner Aeneis:* Vergil (70–19 v. Chr.) stellt in seinem Epos, in dem die Herrschaft des Augustus immer wieder direkt und indirekt gepriesen wird, in Buch IV die Liebe des Aeneas zu der *tyrischen* (karthagischen) Königin Dido dar.

537 *Hirtengedicht:* Vergils *Eklogen,* in denen die Hirtinnen *Amaryllis* und *Phyllis* auftreten.

539 *mit jenem Buche:* der *Liebeskunst.*

541 *als Reiter:* vgl. zu V. 90 f.

549 »*Festzeiten«:* Ovids *Fasti,* eine Art Lehrgedicht (in elegischen Distichen) über die Festtage des römischen Kalenders, von dem nur die vom Dichter hier genannten sechs Bücher über die Monate Januar bis Juni erhalten sind.

553 f. *der tragischen Bühne:* vielleicht Anspielung auf Ovids (verlorene) Tragödie *Medea.* Der *Kothurn* war ein Schuh mit hohen Sohlen, den die Tragödiendarsteller trugen.

556 *Wesen, die sich wandeln:* Anspielung auf Ovids *Metamorphosen,* in denen die Weltgeschichte von der Entstehung des Kosmos bis zur eigenen Zeit des Dichters als Serie von Verwandlungen präsentiert wird.

III 1

7 *Das ... was er ... gescherzt hat:* die *Liebeskunst.*

11 *hinkend mit zweierlei Versen:* Elegische Distichen »hinken«, weil ein Vers (der Hexameter) länger ist als der andere (der Pentameter).

13 *Zedernöl ... Bimsstein:* Mit Zedernöl rieb man den Papyrus ein, um ihn vor Buchwürmern zu schützen; mit Bimsstein rieb man die Schnittflächen der fertig aufgewickelten Rolle ab, um ein Zerfasern des Randes zu verhüten.

27 *die Foren des Caesar:* Das Forum Iulium und das Forum Augustum.

28 *der Heilige Weg:* die Via Sacra, die zum Tempelbezirk auf dem Kapitol führte.

29 *Vestas Sitz:* Im Tempel der Vesta (vgl. zu T II 311) wurde das

Palladium aufbewahrt, ein Standbild der *Pallas* Athene, das der Sage nach einst vom Himmel auf Troja gefallen war.

30 *Numa:* Numa Pompilius, der Sage nach der zweite König von Rom.

31 *Palatium:* Hügel Roms, auf dem das Haus des Augustus stand.

32 *Stator:* der Tempel des Juppiter Stator nahe dem Palatium.

36 *Eichenkranz:* Über dem Portal des Palatium hing die Eichenkrone mit der Inschrift OB CIVES SERVATOS (»wegen der Rettung der Bürger«), die Augustus durch Senatsbeschluß 27 v. Chr. verliehen wurde (vgl. V. 47 f.).

39 *Lorbeer:* Der Eingang des Palatium wurde von Lorbeerbäumen flankiert, dem Lieblingsbaum Apollons, der einst die Nymphe Daphne (›Lorbeer‹) begehrte.

42 *vom leukadischen Gott:* Apollon. In der Nähe des Apollontempels von Leukas hatte Augustus den Seesieg bei Actium (31 v. Chr.) errungen, durch den die Bürgerkriege beendet wurden.

52 *Irrung:* vgl. Nachwort, S. 172 f.

59 f. *des Gottes mit dem wallenden Haar:* In der Nähe des Palatium stand der Marmortempel des Apollo Palatinus, dessen Statue den Gott mit langem Lockenhaar darstellte.

61 f. *die Beliden:* Zwischen den Säulen des Apollontempels standen die Statuen des Danaus, Sohn des Belus, und seiner fünfzig Töchter, denen Danaus befohlen hatte, ihre Männer in der Hochzeitsnacht zu ermorden.

63 f. *Lesenden …:* Anspielung auf die von Augustus auf dem Palatinischen Hügel eingerichtete Bibliothek.

65 f. *meinen Brüdern:* Ovids bisherige Werke, die offensichtlich aus der Bibliothek entfernt worden waren.

71 f. *die Göttin der Freiheit:* Im Tempel der Libertas befand sich Roms älteste öffentliche Bibliothek.

III 8

1 *Triptolemus:* Bote der Fruchtbarkeitsgöttin Ceres, der auf einem Zauberwagen um die Erde reiste, um den Menschen die Landwirtschaft zu bringen.

3 *Medea:* floh nach dem Mord an ihren Kindern (vgl. zu T II 387 f.) in einem von Drachen gezogenen Wagen durch die Luft.

6 *Perseus:* Sohn der Danaë (vgl. zu T II 401) und des Juppiter, bewegte sich mit Flügelschuhen durch die Luft.

6 *Daedalus:* floh mit seinem Sohn Ikarus mit Hilfe künstlicher Flügel aus der Gefangenschaft bei König Minos von Kreta.

13 f. *des Erlauchten …, den Gott:* Augustus.

III 10

27 f. *der Strom, der Papyrus trägt:* der Nil.

41 *Leander:* mußte über den Hellespont schwimmen, um seine Geliebte Hero zu treffen.

73 *Acontius:* liebte Cydippe und ließ ihr einen Apfel vor die Füße rollen, in den er den Schwur, sie werde ihn heiraten, eingeritzt hatte. Als das Mädchen ihn laut las, hatte sie den Schwur getan und mußte ihn halten.

IV 1

15 f. *Achilles … Briseïs:* vgl. zu T II 373.

17 f. *Orpheus:* thrakischer Sänger, stieg in die Unterwelt hinab, um seine verstorbene Gattin Eurydike zurückzuholen, verlor sie aber zum zweiten Mal. In seinem Leid sang und spielte er so schön, daß wilde Tiere, Bäume und Felsen ihm verzaubert folgten (vgl. Ovid, *Metamorphosen* X 1 ff.).

21 *sintisch:* die Sinti waren ein thrakischer Volksstamm.

23 *Irrtum:* vgl. Nachwort, S. 172 f.

31 *Dulichier:* Gefährten des Odysseus (vgl. zu T I 5,60), der auf seinen Irrfahrten auch zu den Lotosessern kam; wer von der *Lotosfrucht* aß, vergaß seine Heimat.

41 f. *Mänade:* Frau im Gefolge des Bacchus. Die Mänaden zogen in ekstatischem Rausch über die Berge. Die Musik, von der sie sich dabei inspirieren ließen, war insofern *phrygisch*, als die Klänge, unter denen die Fruchtbarkeitsgöttin Kybele auf dem Berg Ida in Phrygien verehrt wurde, ähnlich gewesen sein dürften wie die der bacchantischen Musik.

43 *Thyrsus:* von den Mänaden getragener Stab, der von Weinlaub oder Efeu umrankt war und an dessen Spitze ein Pinienzapfen saß.

47 *Lethe:* Unterweltsfluß, aus dem die Toten Vergessen tranken.

50 *Helikon:* Gebirge in Böotien, den Musen heilig.

60 *Euxinus:* vgl. zu T II 197.

63 *Fäden des … Schicksals:* Die Fäden der Parzen, die spinnend die Lebensdauer bestimmen.

IV 10

3 *Sulmo:* heute Sulmona, in einem Hochtal der Abruzzen.

6 *die zwei Konsuln:* C. Vibius Pansa und A. Hirtius, die beide im Jahre 43 v. Chr. in der Schlacht bei Mutina fielen.

13 *fünf Festen der … Minerva:* Vom 19. bis 23. März wurden die Quinquatrus zu Ehren der Göttin Minerva gefeiert. An den vier letzten Tagen fanden Gladiatorenkämpfe statt. Ovid wurde also am 20. März geboren.

22 *der Maeonier:* Homer.

23 *Helikon:* vgl. zu T IV 1,50.

28f. *das Männergewand:* die *toga virilis*, die freigeborene römische Knaben im Alter von etwa sechzehn Jahren anlegten. Daneben trugen die jungen Römer, die die politische Laufbahn einschlugen, schon die Toga mit dem *breiten Purpurstreifen*, obwohl diese den Senatoren vorbehalten war.

34 *Drei-Männer-Kolleg:* vgl. zu T II 93.

39 *die aonischen Schwestern:* die Musen (Böotien, wo der Berg Helikon, Aufenthaltsort der Musen, liegt, wird manchmal auch als Aonien bezeichnet).

49 *Horatius:* der neben Vergil berühmteste augusteische Dichter (65–8 v. Chr.).

50 *im ausonischen Ton:* Horaz rühmt sich, als erster Formen der frühgriechischen Lyrik in Italien (Ausonien) heimisch gemacht zu haben.

51 *Vergil:* vgl. zu T II 533.

52 *Tibull:* vgl. zu T II 445.

53 *Gallus, … Propertius:* vgl. zu T II 445.

56 *Thalia:* eigentlich Muse der Komödie, aber Ovid bezeichnet mit ihrem Namen auch seine Elegiendichtung.

57 *meine Jugendgedichte:* die *Amores*, eine Sammlung erotischer Elegien, die Ovid laut V. 58 mit etwa achtzehn Jahren zu schreiben begann.

60 *Corinna:* die Geliebte des elegischen Ich in den *Amores*.

65 *Cupido:* der Liebesgott Amor.

88 *Styx:* ein Unterweltsfluß.

90 *Irrtum:* vgl. Nachwort, S. 172 f.

91 *Manen:* die Seelen der Verstorbenen.

95f. *in dem pisäischen Kampf:* bei den (alle vier Jahre stattfindenden) Spielen in Olympia, das in der griechischen Landschaft Pisa lag. Dort war der Siegespreis ein Ölzweig. Ovid rechnet

hier die Olympiaden zu fünf Jahren, gleicht sie also dem römischen Lustrum (V. 78) an.
98 *des »Gastlichen Meers«:* vgl. zu T II 197.
120 *Helikon:* vgl. zu T IV 1,50.

V 7

35 f. *euböische Wogen ... kapharische Flut:* Am kapharischen Kap an der südöstlichen Spitze der Insel Euböa zerschellte die griechische Flotte bei der Heimkehr von Troja.

Epistulae ex Ponto

I 8

2 *Severus:* wahrscheinlich der Dichter Cornelius Severus, den Ovid P IV 16,9 erwähnt und an den wohl auch P IV 2 gerichtet ist.
11 *die Stadt:* Aegisos (heute Tulcea) wurde im Dakerkrieg 12 n. Chr. von den Geten erobert, aber vom König der *Odryser* (V. 15), eines thrakischen Volkes, zurückgewonnen.
27 *stygisch:* vgl. zu IV 10,88.
37 *Marsfeld:* Versammlungs-, Sport- und Truppenübungsplatz.
38 *Quell ... der Jungfrau:* Aqua Virgo, eine Wasserleitung.
42 *auf paelignischer Flur:* Ovid stammte aus dem Gebiet der Paeligner, eines Abruzzenvolkes, und hatte dort offensichtlich ein Landgut.
44 *Clodischen Weg ... flaminischen:* Ovid besaß offensichtlich Güter draußen vor der Stadt, wo sich die Via Clodia mit der Via Flaminia vereinigte.
64 *Fäden:* vgl. zu T IV 1,63.
67 *Albas Gefilde:* Offensichtlich besaß Severus in den Albaner Bergen (in der Umgebung des heutigen Castel Gandolfo) eine Villa mit Ländereien.
68 *der Appische Weg:* die Via Appia, die wichtigste Straße von Rom nach Süditalien.

II 10

2 *Macer:* Pompeius Macer, epischer Dichter, Verwandter von Ovids Gattin, mit dem Ovid offenbar Sizilien und Kleinasien bereist hatte.

12 *»Kunst«:* die *Liebeskunst.*

22 *das trinacrische Land:* Sizilien.

23 f. *Ätna:* Die Ausbrüche dieses Vulkans wurden einem *im Berg liegenden* feuerspeienden Giganten (Typhon oder Enkeladus) zugeschrieben.

26 *Cyane:* in eine Quelle verwandelte Nymphe, Geliebte des *Anapus.*

28 *eine Nymphe:* Arethusa, die Alpheios, der Gott des *Flusses von Elis* auf der Peloponnes, unter dem Meer hindurch bis zur Insel Ortygia bei Syrakus verfolgte, um dort nach ihrer Verwandlung in eine Quelle sein Wasser mit dem ihrigen zu mischen.

III 2

1 *Cotta:* M. Aurelius Cotta Maximus, Konsul 20 n. Chr.

18 *dem göttlichen Zorn:* dem Zorn des Augustus.

33 *Theseus:* vgl. zu T I 5,19 f.

des Orestes Gefährte: Pylades (vgl. zu V. 43 ff.).

48 *Phoebus' Schwester:* Diana.

59 *mäotisch:* die Mäotis ist das heutige Asowsche Meer.

72 *Trivia:* Diana.

105 *Volesus:* Urahn des Geschlechts der Valerier.

106 *Numa:* Numa Pompilius, der zweite König von Rom.

IV 13

2 *nach dem, was du bist: carus* bedeutet ›teuer‹.

Carus: ein Dichter und der Erzieher der Söhne des Germanicus.

11 *Kräfte ... als Hercules' würdig:* Carus hatte offensichtlich eine Dichtung über Herkules verfaßt.

15 *Thersites:* der häßlichste aller Griechen vor Troja.

16 *Nireus:* griechischer Held vor Troja, berühmt für seine Schönheit.

27 f. *Er:* Tiberius, der mit vorgespiegelter Bescheidenheit die Kaiserwürde, die ihm nach dem Tode des Augustus vom Senat angetragen wurde, mehrmals ablehnte.

29 *Vesta:* vgl. zu T II 311.

31 *zwei Jünglinge:* Drusus und Germanicus.

47 *die Söhne der Götter:* die Söhne des Germanicus, darunter wohl schon der spätere Kaiser Caligula.

Literaturhinweise

Forschungsbericht

Barsby, J.: Ovid. Oxford 1978. (Greece & Rome. New Surveys in the Classics. 12.) S. 41–47.

Texte, Kommentare, Übersetzungen

Owen, S. G. (Hrsg.): P. Ovidi Nasonis Tristium libri quinque Ibis Ex Ponto libri quattuor Halieutica Fragmenta. Oxford 1915. (Scriptorum Classicorum Bibliotheca Oxoniensis.)

Hall, J. B. (Hrsg.): P. Ovidi Nasonis Tristia. Stuttgart/Leipzig 1995. (Bibliotheca Teubneriana.)

Richmond, J. A. (Hrsg.): P. Ovidi Nasonis Ex Ponto libri quattuor. Leipzig 1990. (Bibliotheca Teubneriana.)

Luck, G.: P. Ovidius Naso, Tristia. Hrsg., übers. und erkl. 2 Bde. Heidelberg 1967–77.

Posch, S.: P. Ovidius Naso, Tristia I. Interpretationen. Bd. 1: Die Elegien 1–4. Innsbruck 1983.

Owen, S. G.: Tristium liber secundus. Ed. with an Introd., Transl. and Comm. Oxford 1924. Reprogr. Nachdr. Amsterdam 1967.

Galasso, L.: P. Ovidii Nasonis Epistularum ex Ponto liber II. Florenz 1995.

Staffhorst, U.: Publius Ovidius Naso, Epistulae ex Ponto III, 1–3 (Kommentar). Diss. Würzburg 1965.

Helzle, M.: Publii Ovidii Nasonis Epistularum ex Ponto liber IV. A Commentary on Poems 1 to 7 and 16. Hildesheim / Zürich / New York 1989. (Spudasmata. 43.)

Untersuchungen

Barchiesi, A.: The Poet and the Prince. Ovid and Augustan Discourse. Berkeley / Los Angeles 1997.

Block, E.: Poetics in Exile. An Analysis of *Epistulae ex Ponto* 3,9. In: Classical Antiquity 1 (1982) S. 18–27.

Literaturhinweise

Bretzigheimer, G.: Exul ludens. Zur Rolle von *relegans* und *relegatus* in Ovids *Tristien*. In: Gymnasium 98 (1991) S. 39–76.

Chwalek, B.: Die Verwandlung des Exils in die elegische Welt. Studien zu den *Tristia* und *Epistulae ex Ponto* Ovids. Frankfurt a. M. [u. a.] 1996. (Studien zur klassischen Philologie. 96.)

Claassen, J.-M.: Ovid's Poetic Pontus. In: F. Cairns / M. Heath (Hrsg.): Papers of the Leeds International Latin Seminar. Tl. 6: Roman Poetry and Drama, Greek Epic, Comedy, Rhetoric. Leeds 1990. S. 65–94.

Davisson, M. Th.: *Duritia* and Creativity in Exile. *Epistulae ex Ponto* 4,10. In: Classical Antiquity 1 (1982) S. 28–42.

– *Sed sum quam medico notior ipse mihi.* Ovid's Use of Some Conventions in the Exile Epistles. In: Classical Antiquity 2 (1983) S. 171–182.

– *Magna tibi imposita est nostris persona libellis.* Playwright and Actor in Ovid's *Epistulae ex Ponto* 3,1. In: The Classical Journal 79 (1984) S. 324–339.

– *Tristia* 5,13 and Ovid's Use of Epistolary Form and Content. In: Classical Journal 80 (1985) S. 238–246.

– *Quid moror exemplis?* Mythological *exempla* in Ovid's Pre-exilic Poems and the Elegies from Exile. In: Phoenix 47 (1993) S. 213–237.

Dickinson, R. J.: The *Tristia*: Poetry in Exile. In: J. W. Binns (Hrsg.): Ovid. London/Boston 1973. S. 154–190.

Doblhofer, E.: Ovids Spiel mit Zweifel und Verzweiflung. Stilistische und literaturtypologische Betrachtungen zu *Tristia* und *Ex Ponto*. In: Würzburger Jahrbücher für die Altertumswissenschaft N. F. 4 (1978) S. 121–141.

– Ovids Exilpoesie – Mittel, Frucht und Denkmal dichterischer Selbstbehauptung. In: Der Altsprachliche Unterricht 23 (1980) H. 1. S. 59–80.

– Ovids Abschied von Rom. – Versuch einer Modellinterpretation von trist. 1,3. In: Der Altsprachliche Unterricht 23 (1980) H. 1. S. 81–97.

Drucker, M.: Der verbannte Dichter und der Kaiser-Gott. Studien zu Ovids späten Elegien. Diss. Heidelberg 1977.

Ehlers, W.-W.: Poet und Exil. Zum Verständnis der Exildichtung Ovids. In: Antike und Abendland 34 (1988) S. 144–157.

Fairweather, J.: Ovid's Autobiographical Poem, *Tristia* 4,10. In: The Classical Quarterly 37 (1987) S. 181–196.

Fitton Brown, A. D.: The Unreality of Ovid's Tomitan Exile. In: Liverpool Classical Monthly 10 (1985) S. 18–22.

Fredericks, B. R.: *Tristia* 4,10. Poet's Autobiography and Poetic Autobiography. In: Transactions of the American Philological Association 106 (1976) S. 139–154.

Froesch, H.: Ovids *Epistulae ex Ponto I–III* als Gedichtsammlung. Diss. Bonn 1968.

Gärtner, H. A.: Ovid und das Imperium Romanum. Zum Gedicht Pont. 2,1. In: W. Schubert (Hrsg.): Ovid. Werk und Wirkung. Festgabe für M. v. Albrecht zum 65. Geburtstag. Frankfurt a. M. [u. a.] 1999. (Studien zur klassischen Philologie. 100.) Bd. 2. S. 797–803.

Gibson, B.: Ovid on Reading: Reading Ovid. Reception in Ovid, *Tristia* II. In: Journal of Roman Studies 89 (1999) S. 19–37.

Habinek, Th. N.: The Politics of Latin Literature. Writing, Identity, and Empire in Ancient Rome. Princeton 1998.

Harzer, F.: Iste ego sum? Ovids poetische Briefschrift zwischen Dichtung und Wahrheit. In: Poetica 29 (1997) S. 48–74.

Hinds, S.: Booking the Return Trip. Ovid and *Tristia* I. In: Proceedings of the Cambridge Philological Society 31 (1985) S. 13–32.

– Ovid *Tristia* 1,6 and the Tradition of Exemplary Catalogue. In: S. M. Braund / R. Mayer (Hrsg.): Amor: Roma. Love and Latin Literature. Cambridge 1999. S. 123–142.

Hofmann H.: The Unreality of Ovid's Tomitan Exile Once Again. In: Liverpool Classical Monthly 12 (1987) S. 23.

Holzberg, N.: Ovid. Dichter und Werk. München ²1998.

Kenney, E. J.: The Poetry of Ovid's Exile. In: Proceedings of the Cambridge Philological Society 11 (1965) S. 37–49. – Dt. Übers.: Ovids Exildichtung. In: M. v. Albrecht / E. Zinn (Hrsg.): Ovid. Darmstadt 1968. (Wege der Forschung. 92.) S. 513–535.

Kettemann, R.: Ovids Verbannungsort – ein *locus horribilis?* In: W. Schubert (Hrsg.): Ovid. Werk und Wirkung. Festgabe für M. v. Albrecht zum 65. Geburtstag. Frankfurt a. M. [u. a.] 1999. (Studien zur klassischen Philologie. 100.) Bd. 2. S. 715–735.

King, R. J.: Ritual and Autobiography. The Cult of Reading in Ovid's *Tristia* 4,10. In: Helios 25 (1998) S. 99–119.

Klodt, C.: Verkehrte Welt. Ovid, trist. 1,4. In: Philologus 140 (1996) S. 257–276.

Kraus, W.: Ovidius Naso. In: Paulys Real-Encyclopädie der classischen Altertumswissenschaft. Bd. 18,2. Stuttgart 1942. Sp. 1910–1986. – Wiederabgedr. in: M. v. Albrecht / E. Zinn (Hrsg.): Ovid.

Darmstadt 1968. (Wege der Forschung. 92.) S. 67–166. [Dort bes.: S. 138–151.]

Marg, W.: Zur Behandlung des Augustus in den *Tristien* Ovids. In: M. v. Albrecht / E. Zinn (Hrsg.): Ovid. Darmstadt 1968. (Wege der Forschung. 92.) S. 502–512.

Millar, F.: Ovid and the *Domus Augusta*. Rome Seen from Tomoi. In: Journal of Roman Studies 83 (1993) S. 1–17.

Nagle, B. R.: The Poetics of Exile. Program and Polemic in the *Tristia* and *Epistulae ex Ponto* of Ovid. Brüssel 1980. (Collection Latomus. 170.)

Podossinov, A.: Ovids Dichtung als Quelle für die Geschichte des Schwarzmeergebiets. Konstanz 1987. (Xenia. Konstanzer althistorische Vorträge und Forschungen. 19.)

Rahn, H.: Ovids elegische Epistel. In: Antike und Abendland 7 (1958) S. 105–120. – Wiederabgedr. in: M. v. Albrecht / E. Zinn (Hrsg.): Ovid. Darmstadt 1968. (Wege der Forschung. 92.) S. 476–501.

Schönbeck, H.-P.: Augustus als *pater patriae* und *pater familias* im zweiten Tristienbuch des Ovid. In: Hermes 126 (1998) S. 454–465.

Stroh, W.: Tröstende Musen. Zur literarhistorischen Stellung und Bedeutung von Ovids Exilgedichten. In: Aufstieg und Niedergang der Römischen Welt. Bd. II 31,4. Berlin 1981. Sp. 2638–84.

Thibault, J. C.: The Mystery of Ovid's Exile. Berkeley 1964.

Videau-Delibes, A.: Les Tristes d'Ovide et l'élégie romaine. Une poétique de la rupture. Paris 1991.

Wiedemann, Th.: The Political Background to Ovid's *Tristia* 2. In: The Classical Quarterly 25 (1975) S. 264–271.

Williams, G. D.: Banished Voices. Readings in Ovid's Exile Poetry. Cambridge 1994.

– / Walker, A. D. (Hrsg.): Ovid and Exile. Ramus 26 (1997).

Nachwort

Vor etwa vierzig Jahren trat in der Altertumswissenschaft an die Stelle einer betont ablehnenden Haltung gegenüber Ovid, die vor allem von den deutschen Philologen des späten 19. und frühen 20. Jahrhunderts eingenommen wurde, die Bereitschaft, die Werke dieses römischen Dichters vorurteilslos zu interpretieren und ihre literarische Bedeutung angemessen zu würdigen. Diese Aufwertung Ovids ist zwar in erster Linie den erotischen Dichtungen und den *Metamorphosen* zugute gekommen, doch hat man in neuerer Zeit nun auch damit begonnen, sich mit Ovids Exilpoesie, die man bis dahin besonders gering geschätzt hatte, ernsthaft auseinanderzusetzen. Hatte nämlich noch die bekannte Literaturgeschichte von Schanz-Hosius (1935) abfällig erklärt, in den *Liedern der Trauer* sei »das ›Traurige‹ weniger in der äußeren Lage des Dichters zu suchen […] als in seinem Inneren, d. h. in seinem unmännlichen Charakter«, so ist man heute aufgrund der durch das Hitler-Regime bedingten Erfahrungen bereit, eben jene »äußere Lage« Ovids, seine Exilsituation, zum Ausgangspunkt der Literaturkritik zu machen: Die Werke der vom nationalsozialistischen Deutschland in die Emigration getriebenen Schriftsteller öffneten den Philologen die Augen für die Möglichkeiten, die sich für die Deutung der Ovidischen Verbannungsgedichte aus der Berücksichtigung ihrer Entstehungsvoraussetzungen ergeben.

Den Befehl, Rom für immer zu verlassen, gab ein Edikt des Kaisers Augustus dem Dichter vermutlich im Jahre 8 n. Chr., als Ovid ungefähr fünfzig Jahre alt war. Zwar traf ihn die Strafe der Verbannung nur in der milderen Form der *relegatio*, die es ihm gestattete, sein Vermögen und das römische Bürgerrecht zu behalten, aber die Stadt Tomis an der Schwarzmeerküste des heutigen Rumänien, wo Ovid

von nun an zu wohnen gezwungen war, lag denkbar weit
von der Hauptstadt und ihren für einen Dichter idealen Le-
bens- und Schaffensbedingungen entfernt. Wie wir noch se-
hen werden, läßt sich darüber, wie der graue Alltag für den
Menschen Ovid in Tomis aussah, nichts Bestimmtes aussa-
gen. Aber um zu ermessen, in welche Notlage das Exil ihn
brachte, braucht man sich bloß klarzumachen, worauf er
als Dichter von nun an verzichten mußte: auf den direkten
Kontakt zu seinen Lesern in Rom, denen er selbst aus sei-
nen Werken rezitiert hatte und für die er neben Vergil und
Horaz der bedeutendste Dichter seiner Epoche war. Und
dies auch zu bleiben wurde ihm jetzt dadurch erheblich er-
schwert, daß er isoliert von seinem hauptstädtischen Publi-
kum schreiben mußte.

Denn schreiben und seine Verse in Rom zirkulieren las-
sen durfte er noch. Dies jedoch verstand sich keineswegs
von selbst, da einer der beiden Gründe für seine Verban-
nung – so stellt er es jedenfalls in den Exilgedichten dar –
der für gesetzwidrig erklärte Inhalt eines seiner Werke war:
Sein bereits um 1 n. Chr. veröffentlichtes Lehrgedicht über
die Kunst des Liebens (*Ars amatoria*) verleite die verheira-
teten Römerinnen zu etwas, das ihnen im Augusteischen
Staat unter Androhung strafrechtlicher Verfolgung unter-
sagt war: zum Ehebruch. Tatsächlich konnten nämlich die
Leser der *Ars*, obwohl der Dichter eingangs verkündet, er
werde in den Künsten Amors nicht frei geborene, sondern
ausschließlich freigelassene Frauen unterrichten, zumindest
zwischen den Zeilen eine frivole Respektlosigkeit gegen-
über dem hohen sittlichen Anspruch der kaiserlichen Ehe-
gesetzgebung erkennen. Aber allein schon deshalb, weil
Augustus diese Art der Polemik gegen sein Reformwerk
rund sieben Jahre lang nicht als strafwürdig angesehen hat-
te, darf man annehmen, daß die Ächtung der *Liebeskunst*
nur ein Vorwand und der eigentliche Grund für die Ver-
bannung Ovids das andere der beiden ihm vorgeworfenen
Vergehen war. Worin es bestand, verrät der Dichter uns lei-

der nicht, und wir werden es trotz der nicht enden wollenden Bemühungen der Gelehrten um eine Lösung dieses Rätsels schwerlich jemals erfahren. Auf jeden Fall hat Ovid, wie sich seinen vorsichtigen Andeutungen entnehmen läßt, in den Augen des Kaisers eine so schwere Untat begangen, daß er, auch wenn er wirklich unabsichtlich handelte – er selbst spricht immer wieder von einem »Irrtum« (*error*) –, froh darüber sein mußte, daß man ihn nicht schwerer bestrafte als mit der *relegatio*.

Aber wie gesagt: Gedichte zu verfassen und zu publizieren erlaubte man ihm weiterhin, und er machte von dieser Freiheit ausgiebig Gebrauch. Denn in den rund neun Jahren, die Ovid bis zu seinem Tode (um 17 n. Chr.) in Tomis verbrachte, veröffentlichte er in neun Büchern knapp hundert Elegien, in denen er über sein Los als Verbannter klagt: die um 12 n. Chr. publizierten fünf Bücher *Tristia* und die um 16 n. Chr. publizierten vier Bücher *Epistulae ex Ponto*. Und da in dieser wahren Flut von Gedichten nur eine Handvoll Themen in immer neuen Variationen zur Sprache kommt – es sind vor allem die Klage über die schlechten Lebensverhältnisse am Verbannungsort, die eindringliche Schilderung der desolaten physischen und psychischen Verfassung des Autors, der Appell an die Solidarität der Verwandten und Freunde sowie die Bitten an den Kaiser, dem Relegierten den Umzug an einen angenehmeren Ort zu gestatten –, fragt man sich, welche Intention mit dieser Art von Dichtung verbunden ist: Vertritt der Autor hier wie in seinen früheren Werken ein primär literarisches Anliegen? Überträgt er also beispielsweise sein bisher zum Ausdruck gebrachtes Weltbild in die aus der veränderten Schreibsituation resultierende neue Form der poetischen Aussage? Oder ist die Absicht der Exildichtung Ovids nichts weiter als die auf Gehalt und äußere Gestalt keine Rücksicht nehmende Artikulation monotoner Verzweiflungsausbrüche ohne jegliche poetische Stilisierung?

Für die zweite dieser beiden Möglichkeiten entschied
sich die ältere Forschung, nach deren Ansicht z. B. die
Epistulae ex Ponto, wie Eduard Norden, einer der bedeu-
tendsten Latinisten der ersten Hälfte des 20. Jahrhunderts,
es ausdrückte, »zu dem Inhaltsleersten der ganzen römi-
schen Literatur« gehörten. Und nicht nur inhaltlich, son-
dern auch formalästhetisch glaubte man bei Ovid ein
Nachlassen des dichterischen Talents feststellen zu können:
In den Elegien des Exils vermißte man die von den frü-
heren Werken her gewohnte sprachliche Eleganz und die
strukturelle Ausgewogenheit im Aufbau sowohl der einzel-
nen Gedichte als auch der Gedichtbücher; da der Dichter
selbst einmal darüber klagt, daß er das Lateinische nicht
mehr so gut beherrsche wie einst und daß seine Verse
»nicht wenig Barbarisches« enthielten (T V 7,57–60), schien
die Auffassung, seine Exilpoesie habe ein geringeres litera-
risches Niveau als seine übrigen Dichtungen, glänzend be-
stätigt.

Sorgfältige Gedicht- und Buchanalysen aus jüngerer Zeit
konnten jedoch diese Auffassung widerlegen, indem sie
nachwiesen, daß die dichterische Qualität der von Ovid in
Tomis verfaßten Elegien keineswegs hinter der seiner übri-
gen Werke zurücksteht. Wie in den erotischen Elegien, den
Metamorphosen und den *Fasti* treibt Ovid ein literarisches
Spiel, das vor allem auf der Intertextualität seiner Verse ba-
siert: Er stellt eine Beziehung zwischen seinem und einem
anderen Text her und bewirkt so, daß sein Text zusätzlich
zu dem Sinn, der sich bereits planem Lesen erschließt, ei-
nen weiteren Sinn vermittelt. So ›zitiert‹ er z. B., wenn er in
T III 8,37f. sagt: »Ich sehne mich nach dem Tode,

    wenn ich den Ort dann, die Sitten, die Bildung und
                            Sprache der Menschen
   ansehn muß«,

einen berühmten Vers aus dem Proömium zu Homers
Odyssee (I 3):

Von vielen Menschen sah er die Städte und lernte ihre
Sinnesart kennen,

und präsentiert sich somit implizit in der Rolle des epi-
schen Vieldulders. Besonders häufig spielt er, wenn er als
der klagende Verbannte spricht, auf die Situation des kla-
genden Verliebten in der römischen Liebeselegie an. Wie
dieser häufig von der von ihm begehrten Frau getrennt ist
und deshalb z. B. eine Nacht auf der Schwelle ihrer Haus-
tür verbringen muß, so ist der Verbannte von Rom ge-
trennt. Das ›Aufrufen‹ bekannter Motive der erotischen
Elegie erzeugt eine reizvolle Spannung zwischen beschrie-
bener und assoziierter Situation und taucht so diejenige des
Verbannten in ein ironisches Licht.

Nicht nur durch einzelne Verse stellt Ovid Bezüge zu
anderen literarischen Werken her, sondern sogar durch den
Aufbau der gesamten Sammlung der Exilelegien. Denn die
Erlebnisse des Ich-Sprechers werden hier von Gedicht zu
Gedicht chronologisch nachgezeichnet, besonders deutlich
in den fünf Büchern der *Tristia*, aber zumindest andeu-
tungsweise auch noch in den *Epistulae ex Ponto*. Eben-
dies geschieht auch in hellenistischen und kaiserzeitlichen
Sammlungen fiktiver griechischer Prosabriefe, die man als
Vorläufer des neuzeitlichen Briefromans betrachten darf.
Ihre anonymen Autoren lassen prominente Griechen des
6.–4. Jahrhunderts v. Chr. als Briefschreiber chronologisch
über einen bestimmten Abschnitt ihres Lebens – das kann
z. B. die Zeit des Exils sein – berichten und reflektieren.
Die einzelnen Briefe sind durch mehrere Reihen häufig
wiederkehrender Motive miteinander vernetzt, wobei be-
stimmte Vorgänge, auf die der Briefschreiber sich bezieht,
von Brief zu Brief deutlicher erkennbar werden. Am Ende
der Briefsequenz treffen die Motivreihen in einem längeren
Brief zusammen – dieser ist z. B. an einen Herrscher ge-
richtet –, und hier wird enthüllt, was der Leser bisher noch
nicht vollends durchschauen konnte. Ganz ähnlich verfährt

Ovid in den beiden ersten Büchern der *Tristia*, indem er in den einzelnen Gedichten in Buch I, während er über seine Reise an den Exilort berichtet, nur Andeutungen über diesen Ort und den Grund seiner Verbannung macht, dann aber in dem nur aus dem langen Brief an Augustus bestehenden Buch II zu beiden Themen wesentlich mehr (wenn auch bei weitem nicht alles) sagt. In den übrigen Büchern der *Tristia* und in den *Epistulae ex Ponto* setzt sich das sukzessive Vermitteln von Informationen fort, so daß wir von Gedicht zu Gedicht mit der Lebensweise des Verbannten in Tomis immer vertrauter werden.

Eine Auswahl aus den Gedichten, wie sie hier vorgelegt wird, kann von dieser ›Erzählweise‹ immerhin einen Eindruck vermitteln. Denn es sind markante Punkte in der Chronologie der Erfahrungen des Verbannten, die die in diesen Band aufgenommenen Elegien repräsentieren. In T I 3 schildert der Ich-Sprecher seinen Abschied von Rom, in I 5, wo offensichtlich die Reisesituation vorausgesetzt wird, vergleicht er sich erstmals ausführlich mit Odysseus (dazu gleich mehr), und in dem Brief an Augustus (II), den er unmittelbar nach der Ankunft in Tomis schreibt, äußert er sich, wie gesagt, erstmals ausführlich über seine Lage und versucht, sich gegenüber dem Prinzeps zu rechtfertigen. Wie unerbittlich dieser ist, veranschaulicht III 1: Hier spricht das Gedichtbuch, das nach Rom kommt und dem dort der Zugang zu den öffentlichen Bibliotheken verwehrt wird. In Elegie III 8 berichtet der Verbannte eindringlich über seine schlechte physische und psychische Verfassung am Exilort, und er beschreibt diesen erstmals ausführlich in III 10. In IV 1 stilisiert er sich dann schon zum leidenden ›Greis‹ (V. 73), und in IV 10 nimmt er implizit die Pose des aus dem Grabe Sprechenden ein, der sein Leben erzählt. Mit Buch V der *Tristia* beginnt das Berichten und Reflektieren über einen Abschnitt der Zeit im Exil, der durch eine Reihe von Bemerkungen und Anspielungen als ›Leben nach dem Tode‹ stilisiert wird. Besonders in V 7, aber auch in anderen Gedichten erscheinen die Geten wie Bewohner der Unterwelt. Aus der Sicht des ›Toten‹ vergegenwärtigt der Verbannte sich in P I 8 und II 10 das einstige Leben in Rom und eine früher einmal unternommene Reise mit einem Freund, während wir ihn in III 2 und IV 13 erneut im Umgang mit den Tomitanern sehen und erfahren, daß er weitgehend einer der Ihren geworden ist, indem er ihre Sprache spricht und sogar schon darin dichtet.

Die wenigen Hinweise auf Intertextualität und Erzählstruktur der Exilelegien, die ich im Rahmen eines kurzen Nachworts geben konnte, dürften deutlich gemacht haben, daß auch dieses Opus Ovids in erster Linie ein poetisches Kunstwerk ist. Wenn der Autor in seinen Versen seine Empfindungen als Verbannter artikulierte, dann hat er sie jedenfalls nicht als unkontrollierte Aufschreie einer gequälten Seele niedergeschrieben, sondern in eine anspruchsvolle literarische Ausdrucksform umgesetzt. Das zeigt sich auch darin, daß die Exilgedichte wie die früheren Werke Ovids ein hohes stilistisches Niveau haben. Da ich auch hierauf nicht näher eingehen kann, begnüge ich mich mit einem Beispiel. Über seine Sprachnot in der Verbannung (auch dazu gleich mehr) sagt Ovid einmal (T V 12, 57 f.):

> Ipse mihi videor iam dedidicisse Latine,
>   iam didici Getice Sarmaticeque loqui.

> Ich selbst, scheint mir, habe schon mein Latein
>   verlernt,
>   habe schon getisch und sarmatisch zu sprechen
>   gelernt.

Hier ist auf so raffinierte Weise der Eindruck des Stammelns erzeugt, daß man nicht im Ernst glaubt, der Sprecher sei wirklich ›mit seinem Latein am Ende‹. Das ist vielmehr Stilkunst in höchster Perfektion.

Wie steht es aber nun mit dem Inhalt der Ovidischen Verbannungsgedichte? Ist die vorhin erwähnte und von der

älteren Philologie so heftig kritisierte Beschränkung auf
wenige Themen ebenfalls das Ergebnis eines künstlerischen
Plans? Oder ist sie lediglich dadurch bedingt, daß der im
Exil lebende Dichter sich nur noch auf die Gedanken kon-
zentrieren konnte, die ihm wegen seiner Notlage fortwäh-
rend im Kopf herumgingen? Diejenigen Ovid-Forscher, die
für die zweite Erklärung eintraten, konnten, soweit sie der
Vorkriegsgeneration angehörten, nur mit Verachtung auf
eine Haltung reagieren, die ihnen »unmännlich« erschien.
In jüngster Zeit aber ist man, wie schon angedeutet wurde,
dazu übergegangen, Ovid als den Archegeten des Gat-
tungstyps »Exilliteratur« zu betrachten und seine Gedichte
mit denselben Methoden einer psychologisch und sozio-
logisch ausgerichteten Interpretationsweise zu deuten, mit
denen man sich mit den Schriften von Emigranten des
20. Jahrhunderts auseinanderzusetzen pflegt; dabei fand
man folgende Rechtfertigung für die Themenarmut der
Tristia und *Epistulae ex Ponto*: Das ständige Wiederholen
bestimmter Motive, die den Gedichtadressaten geradezu
eingehämmert werden, diene der Selbstbehauptung des ver-
bannten Römers und Menschen Ovid gegenüber der Exilsi-
tuation und gegenüber dem Kaiser, der sie verursacht hatte.
Eine typische Form der Selbstbehauptung sei es z. B., wenn
Ovid sein unablässiges Klagen über das Schicksal der Hei-
matferne immer wieder damit verbindet, sich mit Gestalten
des Mythos zu identifizieren, denen etwas Ähnliches wi-
derfuhr wie ihm. Oder: Hinter den häufigen Appellen an
die Gnade des Kaisers verstecke sich, da die erhoffte Über-
siedelung an einen angenehmeren Verbannungsort nun ein-
mal nicht gewährt wurde, massive Systemkritik, und diese
habe wiederum den Zweck, das Selbstbewußtsein des von
Augustus Gedemütigten zu stärken.

   Zunächst zu Ovids mythologischer Sublimierung seines
Exildaseins: Wie ein Leitmotiv taucht in allen neun Bü-
chern der in Tomis verfaßten Elegien immer wieder der
Vergleich auf, den der Dichter zwischen sich und dem Dul-

der Odysseus zieht. Da der zwanzig Jahre von seiner Heimat ferngehaltene griechische Held in Homers Epos in einen heftigen Seesturm gerät, weinend am Strand von Ogygia sitzt und vom Zorn des Poseidon verfolgt wird, kann der verbannte Dichter dadurch, daß er zwei schwere Unwetter auf seiner Schiffsreise ins Exil im pathetischen Stil epischer Sturmbeschreibungen schildert (T I 2 und 4), daß er immer wieder von seinen Tränen berichtet und über die *ira* des Gottes auf dem Kaiserthron klagt, die Darstellung seines unglücklichen Schicksals ins Heroische übersteigern. Demselben Zweck dient es, wenn die berühmte Elegie über Ovids Abschied von Rom (T I 3) auf den Abschied des Äneas von Troja anspielt. Oder wenn Ovid den Leser mehrfach daran erinnert, daß in der Gegend, in die man ihn verbannt hat, eine längere Episode der Sage von Medea und Jason angesiedelt ist. Oder wenn er bei seinen Mahnungen an die Freunde in Rom, ihm die Treue zu halten, auf die bekannten Exempla der Freundschaft zwischen Theseus und Pirithous oder Orestes und Pylades verweist (z. B. T I 5,19–22). Ja, er geht sogar so weit, einen Einheimischen den Mythos von Iphigenie und den Menschenopfern der Taurier als eine Begebenheit berichten zu lassen, die sich einst nicht weit von der Heimat des Erzählers wirklich zugetragen hat (P III 2,43 ff.).

Gerade das letzte Beispiel weckt jedoch Zweifel an einer Interpretationsweise, die das häufige Heranziehen mythologischer Beispiele rein psychologisch damit erklärt, daß der um seine Selbstbehauptung ringende Verbannte sich verzweifelt an jede sich ihm bietende Parallele zu seinen jammervollen Lebensumständen klammert. Denn die Tatsache, daß Ovid die Geschichte von der Taurischen Iphigenie, bei der es sich doch eindeutig um eine von Griechen erfundene Sage handelt, durch einen Geten als historisches Faktum bezeugen läßt, macht es schwer zu glauben, daß es diesen Geten je gegeben hat. Ist sein Auftreten aber fingiert, dann trieb Ovid nicht die Verbannungsnot, dieses

Exemplum anzuführen, sondern er setzte es als Mittel einer
planvollen literarischen Strategie ein. Und wenn man nun,
ausgehend von dieser Beobachtung, näher betrachtet, was
der Dichter sonst über Land und Leute seines Exilortes zu
berichten hat, erkennt man sofort, daß es sich insgesamt bei
den Beschreibungen der Stadt Tomis und ihrer Bewohner
nur um eine Art Mythos und nicht um die Wiedergabe rea-
ler Erfahrungen handeln kann: Am Ort herrscht ewiger
Winter. Die Menschen, die dort leben, sind Barbaren, wie
sie im Buche stehen, und zwar in der wörtlichen Bedeutung
dieser Redensart. Vergleicht man nämlich Ovids Äußerun-
gen über Aussehen und Sitten dieser Barbaren etwa mit
dem, was Herodots Geschichtswerk (IV 1 ff.) oder Vergils
Georgica (III 349 ff.) über die Skythen sagen, entdeckt man
auffällige Übereinstimmungen, wobei Ovids Text sogar an
die Formulierungen dieser älteren Autoren anklingt. Ganz
eindeutig also fußt das Bild, das der Dichter von den To-
mitanern zeichnet, nicht auf eigenen Beobachtungen, son-
dern auf einer bereits durch Homers Charakteristik des
Kyklopen Polyphem vorgeprägten und die ganze Antike
hindurch beharrlich weitertradierten Klischeevorstellung
vom langhaarigen, bärtigen, Felle tragenden, ständig auf
kämpferische Auseinandersetzungen sinnenden und statt
Feldwirtschaft nur Viehzucht betreibenden Wilden.

In Wirklichkeit lieferte die Gegend, in die Ovid verbannt
wurde, den umliegenden Ländern große Mengen von Ge-
treide, das ja wohl schwerlich in einem Dauerwinter ange-
baut und geerntet werden konnte. Und die einst von Kolo-
nisten aus Milet gegründete Stadt Tomis wurde auch noch
im Zeitalter des Augustus überwiegend von Griechen be-
wohnt, die dort z. B. ein *gymnásion* errichtet hatten. Also
dürfen wir für das Leben in Tomis kein allzu geringes Kul-
turniveau voraussetzen. Da Ovid aber keinerlei Hinweise
in dieser Richtung gibt, sondern statt dessen u. a. behaup-
tet, er habe sich die Mühe gemacht, Sarmatisch und Getisch
zu lernen, hat er die Darstellung seiner Lebensverhältnisse

offensichtlich bewußt pseudoethnologisch stilisiert. Wir vernehmen folglich nicht die Stimme der Verzweiflung einer fern der heimischen Zivilisation unter der Verbannung leidenden Seele, wenn der Dichter sich in seinen Versen betont von der Primitivität seiner Umwelt absetzt und sich selbst mit den vom Schicksal verfolgten Gestalten der Heldensage identifiziert. Damit soll keineswegs behauptet werden, daß das Exildasein dem Menschen Ovid keine psychischen Qualen bereitete. Aber da er uns das, was er an Tomis und seinen Bewohnern als negativ empfand, nicht realistisch schildert, können wir auch nicht wissen, was tatsächlich in ihm vorging. Vielmehr ist der Mythos von dem mitten in den Entbehrungen und Gefahren der Barbarei schmachtenden Dulder eine literarische Pose: Der Dichter, der einst vor seinem hauptstädtischen Publikum, dem er persönlich aus seinen Werken vorlas, die Maske des elegischen Liebhabers aufgesetzt hatte, schlüpft jetzt, weil man ihn aus seinem bisherigen Wirkungskreis gewaltsam entfernt hat, in die Rolle des unter lauter Wilden seiner Notlage trotzenden Literaten. Von »Selbstbehauptung« kann daher in diesen Exilgedichten nicht einfach in dem Sinne die Rede sein, daß der Mensch Ovid die ihm durch die Verbannung auferlegten Schwierigkeiten mit Hilfe seiner Verse zu meistern versucht, indem er ungeschminkt die Gedanken ausspricht, die ihm der seelische Schmerz eingibt. Sondern die »Selbstbehauptung« besteht vor allem darin, daß der Dichter Ovid seine poetische Virtuosität dazu einsetzt, aus den verschlechterten Schaffensbedingungen das Beste zu machen, indem er wie bisher anspruchsvolle Literatur produziert.

Wieder also spielt dieser Dichter mit seinem Stoff, wie er einst in den erotischen *carmina* mit der Liebe und später in den *Metamorphosen* mit dem Mythos gespielt hatte. Einige unter den Ovid-Erklärern der Gegenwart, die den spielerischen Charakter der *Tristia* und *Epistulae ex Ponto* richtig erkannt haben, gehen sogar so weit, zu bestreiten, daß Ovid jemals nach Tomis relegiert wurde, und betrachten deshalb seine gesamte Exilpoesie als pure Fiktion mit scherzhafter Absicht. Diese Annahme entbehrt aber m. E. schon deswegen jeder Wahrscheinlichkeit, weil ein so genialer Dichter wie Ovid, wenn er sich einen Spaß hätte machen wollen – und noch dazu einen ziemlich makabren –, es doch wohl bei einem Gedichtbuch oder höchstens zwei bis drei Büchern hätte bewenden lassen können, statt mit unermüdlichen Wiederholungen in einem schließlich auf neun Bücher angewachsenen Elegienkorpus auch dem gutwilligsten Leser jede Freude an einem solchen Spaß gründlich zu verderben; das Ganze wäre dann eine Art Katz-und-Maus-Spiel in fast hundert Gedichten gewesen, über das zumindest Augustus, dem ja der Part der Katze zugeteilt wäre, mit Recht sogar sehr verärgert gewesen wäre. Es wird im folgenden zu zeigen sein, daß es gerade das Verbannungsurteil war, aus dem Ovid sein in den *Tristia* und *Epistulae ex Ponto* artikuliertes dichterisches Selbstverständnis entwickelte, und daß Ovid selbst uns die Voraussetzungen für dieses Selbstverständnis darlegt: im II. Buch der *Tristia*, in dem er sich ausführlich mit den beiden gegen ihn erhobenen Anklagen auseinandersetzt.

Man hat entdeckt, daß Ovid die Großelegie, die dieses Buch ausfüllt, wie eine Prozeßrede gegliedert hat: in eine Vorrede (1–26), einen Hauptteil mit einer Erörterung über die verhängte Strafe (27–206) und Argumenten zur Verteidigung (207–572) sowie ein kurzes Schlußwort (573–578). Inhaltlich ist der Hauptteil für das Verständnis der gesamten Exilpoesie Ovids insofern von spezieller Wichtigkeit, als ihm folgendes zu entnehmen ist: 1. daß der Dichter seine Schuld keineswegs in Frage stellt und deshalb lediglich um Strafmilderung bittet, 2. daß er auf den ersten Vorwurf der Anklage überhaupt nicht eingeht, also die Untat, die er aus einem *error* heraus begangen haben will, nicht in ein besseres Licht zu rücken versucht, sondern sich nur bemüht, die Behauptung zu entkräften, die Abfassung der

Liebeskunst verdiene Strafe. Es ist ganz deutlich, daß Ovid zwar zugibt, mit dem, was er verschweigt, unrechtmäßig gehandelt zu haben, und folglich einsieht, daß er dafür bestraft werden mußte. Aber dadurch, daß er in einer fast zwei Drittel der Elegie umfassenden Stellungnahme den zweiten Punkt der Anklage als mehr oder weniger unbegründet zurückweist, läßt er den Eindruck entstehen, daß auch ihm Unrecht widerfahren sei. Und dies noch dazu in dem Bereich, in dem ein Justizirrtum besonders empörend sein muß: im Zusammenhang mit seiner Tätigkeit als Dichter. Denn Werke wie seine *Liebeskunst*, so legt er ausführlich dar, seien von den Anfängen der griechischen Poesie bis zur Gegenwart immer wieder verfaßt worden, und im Augusteischen Rom gebe es überdies neben Liebesdichtung eine Fülle anderer Anregungen zu erotischen Vergnügungen, im Zirkus etwa, im Theater oder auf Gemälden. Über den zahlreichen Argumenten dafür, daß die *Liebeskunst* grundlos geächtet worden sei, dürfte der römische Leser, auch wenn er am Anfang der Elegie über das nicht näher bezeichnete Vergehen gerätselt hatte, dieses allmählich vergessen und am Schluß der langen Elegie die Überzeugung gewonnen haben, daß Ovid seine Verbannung letztlich doch vor allem einem völlig unbegreiflichen Fehlurteil über eine seiner Dichtungen verdanke.

Genau darauf aber kommt es Ovid in seiner Exilpoesie offensichtlich an: als der willkürlich aus seiner Heimat vertriebene und damit gewaltsam von seinem Publikum getrennte Dichter dazustehen. Mag der Mensch Ovid irgend etwas verbrochen haben, das zweifellos geahndet werden mußte – einen Musensohn, der eigentlich nichts anderes geschrieben hat als viele andere Musensöhne vor ihm, in die Verbannung zu schicken, das, so soll der Leser denken, überschreitet jegliches Maß! Und der Leser soll um so stärker beeindruckt sein von der Reaktion des Dichters auf seine viel zu harte Bestrafung: Der läßt sich von dem, was ihm zum Verhängnis wurde, durchaus nicht abbringen, sondern dichtet auch unter den unwürdigen Schaffensbedingungen, zu denen eine grausame Justiz ihn verurteilt hat, unbeirrt weiter, Jahr für Jahr ein Elegienbuch. Zwar zwingt ihn der fortwährend an ihm nagende Seelenschmerz, den die Entbehrungen in der Fremde in ihm hervorrufen, sein Unglück in den Elegien immer wieder zur Sprache zu bringen und sich deshalb auf wenige Themen zu beschränken, aber das ist ja allein schon angesichts des Unrechts, das man ihm angetan hat, nur zu verständlich.

Es dürfte noch deutlicher geworden sein, worin Ovids literarische Pose besteht: Er stellt nicht nur, wie bereits gezeigt, die Lebensverhältnisse, in denen er seine Elegien verfaßt, schlechter dar als sie in Wirklichkeit sind, sondern suggeriert auch dem Leser Zweifel daran, daß die *relegatio* nach Tomis eine verdiente Strafe sei. Betrachtet der Leser unter diesem Aspekt die neun Elegienbücher der Verbannungszeit mit der kunstvollen Gedichtanordnung und dem Wohlklang ihrer Verse, ist er gerne bereit, die Reduzierung der Aussage auf eine Handvoll Motive, in denen der Gedanke der Selbstbehauptung gegenüber der Exilsituation variiert wird, in Kauf zu nehmen, ja er bewundert es um so mehr, formal und inhaltlich immer noch Dichtungen von höchstem Niveau vor sich zu haben. Ovid will den Leser auf diese Weise zu der Erkenntnis bringen, daß es eben eine neue Art von Poesie ist, die hier entstand, der situationsbedingte Gattungstyp »Verbannungsdichtung«, und daß der Autor, der schon mit den Themen »Erotik« und »Mythos« so meisterhaft umzugehen wußte, nun auch auf dem unfreiwillig gewählten Gebiet der Dichtung Hervorragendes leiste. Ovids Selbstverständnis als Dichter der *Tristia* und *Epistulae ex Ponto* besteht also in dem Anspruch an die römischen Leser, ihm für sein erfolgreiches Bemühen, trotz seiner desolaten Lage großartige Poesie hervorzubringen, denselben Ruhm zuzuerkennen wie bisher dem Dichter der erotischen Elegien und der *Metamorphosen*.

Aus der Sicht einer Interpretation, die den spielerischen Charakter der Ovidischen Exilpoesie in den Vordergrund stellt, gewinnen einige der von Ovid oft behandelten Themen einen tieferen Sinn als in den Deutungsversuchen derjenigen Forscher, die die *Tristia* und *Epistulae ex Ponto* als eine Art Autobiographie des verbannten Dichters auffassen. Man hat nämlich aus einer Reihe von Stellen in der Exilpoesie, an denen Ovid beiläufig über bestimmte von ihm verwendete Formulierungen reflektiert, die These abgeleitet, darin manifestiere sich die Sprachnot eines Menschen, der, weil seine Umwelt nicht versteht, was er sagt, zwanghaft mit sich selbst redet, um sich vor dem Verstummen zu bewahren. Wenn der Dichter z. B. einmal schreibt: »Dies [...] schickt Dir Dein Naso, falls überhaupt der, der im Elend ist, jemandem der ›Seinige‹ sein kann« (P I 3,1 f.), erklärt sich für E. Doblhofer (1978) die mit »falls« beginnende Überlegung lediglich daraus, daß hier jemand, der ständig seine eigene Stimme vernimmt, besonders hellhörig ist für die tiefere Bedeutung mancher abgedroschener Redensarten. Dieser Gedanke klingt – auch wenn man davon absieht, daß es sich unserer Kenntnis entzieht, ob Ovid in Tomis in »Sprachnot« geriet – nur auf den ersten Blick plausibel. Denn bedenkt man, daß bereits in den *Amores* die häufige Verwendung von meist sehr raffinierten Wortspielen ein wesentliches Merkmal der Ovidischen Diktion ist, kommt man darüber hinaus zu folgender Erklärung: Der Leser soll das Hinterfragen des Possessivpronomens durchaus als Wortspiel goutieren und gleichzeitig bewundernd wahrnehmen, daß der Dichter trotz seiner unglücklichen Schreibsituation immer noch mit dem Lateinischen so virtuos umzugehen versteht wie in seinen früheren Werken. Dementsprechend scheint mir Ovid, wenn er in T V 12,57f. sagt, er glaube seine Muttersprache verlernt zu haben – ich habe die Verse bereits zitiert –, den Leser indirekt dazu aufzufordern, die Eleganz des Stils der Exilgedichte, die ihm ja gar nicht entgehen kann, um so mehr zu würdigen.

Ebenso meine ich, daß W. Stroh in seinem Aufsatz von 1981 die Behauptung des Dichters, er tröste sich in der Verbannung selbst, indem er Gedichte verfasse, zu wörtlich nimmt. Wir lesen diese Behauptung nämlich wieder einmal im Zusammenhang mit einer Selbststilisierung: Der Dichter vergleicht sich mit Achilles und Orpheus, die ihr Leid durch Gesang und Leierspiel zu überwinden suchten (T IV 1,15–18). Auch das ist also in erster Linie literarische Pose mit dem Zweck der Leserlenkung. Denn das römische Publikum Ovids sollte bei der Erinnerung an die Sagen, die von den genannten Helden erzählen, deren Notlage mit der Exilsituation Ovids auf eine Stufe stellen; gleichzeitig sollte es die heroische Größe eines Dichters erkennen, der, obwohl man ihn so gedemütigt hat, seinen Kummer darüber mit Hilfe seines musischen Talents niederzukämpfen weiß. Und deshalb sollte es ihm denselben Ruhm zugestehen wie den beiden mythischen Sängern.

Unsere bisherigen Überlegungen zu Ovids Verbannungsgedichten haben ergeben, daß die in ihnen zum Ausdruck kommende Selbstbehauptung des Dichters gegenüber der Exilsituation identisch ist mit seinem Bemühen, auch unter den neuen Schaffensbedingungen anspruchsvolle Poesie zu schreiben und von seinen Lesern nach wie vor als bedeutender Künstler anerkannt zu werden. Die von den Vertretern einer rein biographistischen Interpretationsweise verfochtene Auffassung, wir könnten an den *Tristia* und *Epistulae ex Ponto* das Ringen des Menschen Ovid um physisches und psychisches Überleben ablesen, verkennt also die literarische Intention des Dichters Ovid. Dasselbe gilt für die vorhin bereits erwähnte These, Ovids Selbstbehauptung gegenüber Augustus, der die Exilsituation verursacht hatte, sei mit mehr oder weniger versteckter Systemkritik verbunden. Um dies zu widerlegen, genügt es freilich nicht, darauf zu verweisen, daß der Dichter den Prinzeps nirgendwo in der gesamten Exilpoesie tadelt oder gar angreift, sondern ihm meistens sogar übertrieben schmeichelt.

Wie Untersuchungen aus jüngerer Zeit gezeigt haben, dient Herrscherpanegyrik in der römischen Literatur der frühen Kaiserzeit nicht selten als Tarnung für eine oppositionelle Haltung, und es ist sicher nicht zu bestreiten, daß dergleichen in Ovids Exilpoesie zumindest in Ansätzen vorhanden ist: Wenn der Dichter dort immer wieder die Milde (*clementia*) des Augustus preist, die berühmte, vom (Adoptiv-)Vater Julius Caesar überkommene Herrschertugend, dann kann dem Leser nicht entgehen, daß Ovid dies wider besseres Wissen tut; denn der Kaiser ist dem Verbannten gegenüber ja gerade nicht *clemens*, sondern verharrt in unversöhnlichem Zorn. Was also auf den ersten Blick wie Huldigung aussieht, kann man bei näherer Betrachtung durchaus als Bloßstellung von Heuchelei verstehen.

Aber gesetzt den Fall, daß Ovids Schmeicheleien in diesem Sinne als doppeldeutig zu interpretieren sind: Will er den Kaiser auf solche Weise wirklich, wie man behauptet hat, als grausamen Tyrannen hinstellen und ihn somit auf der politischen Ebene attackieren? Diese Theorie hat man u. a. darauf gestützt, daß Ovid in den *Tristia* die Namen der Freunde, an die er seine Gedichte richtet, nicht verrät (dies geschieht erst in den *Epistulae ex Ponto*); daraus gehe eindeutig hervor, daß diejenigen, die dem Geächteten die Treue hielten, mit Verfolgung und Schikane zu rechnen hatten. Mit Recht jedoch hat W.-W. Ehlers (1988) darauf verwiesen, daß es sogar heute nicht schwer fällt, aus Ovids Andeutungen in mehreren Elegien der *Tristia* auf die Identität der Adressaten zu schließen, weshalb die Zeitgenossen es damit entsprechend leicht gehabt haben dürften. Dennoch erfahren wir nirgends etwas darüber, daß irgendeiner der Freunde Ovids wegen seiner Solidarität gegenüber dem verbannten Dichter von Augustus auch nur bedroht worden wäre, und deshalb haben wir keinen Grund, die Exilgedichte als Zeugnisse dafür anzuführen, daß man in Rom Willkürmaßnahmen des Prinzeps befürchten mußte.

Erinnern wir uns statt dessen daran, was Ovid dem Kaiser in der an diesen gerichteten Großelegie (T II) tatsächlich vorwirft: nicht erkannt zu haben, daß die *Liebeskunst* eine erotische Dichtung ist wie jede andere auch, und den Dichter deshalb zu Unrecht wegen der Abfassung eines poetischen Werkes verbannt zu haben. Dabei geht es Ovid jedoch nicht primär darum, das Verhalten des Augustus zu kritisieren, sondern er will vor allem zum Ausdruck bringen, daß er sich in seiner literarischen Bedeutung verkannt sieht. Und deshalb läßt er sich, wie er an anderer Stelle sagt, auch jetzt nicht vom Schreiben abbringen, obwohl der mächtigste Mann der Welt ihn so schwer dafür bestraft hat. Denn mag der Herrscher den Menschen Ovid demütigen – seine Dichtungen sind dem Zugriff der kaiserlichen Justiz entzogen: »Sieh mich an«, schreibt Ovid an die Dichterin Perilla (T III 7,45–48), »obwohl ich die Heimat entbehre und euch und mein Haus, obwohl mir alles geraubt wurde, was man mir wegnehmen konnte: Dennoch werde ich von meiner Dichtergabe begleitet und erfreue mich ihrer. Caesar [Augustus] vermochte darüber keinerlei Macht auszuüben.« Was Ovid also durch das Verbannungsurteil des Kaisers nicht genommen werden kann, ist die Entfaltung seiner künstlerischen Persönlichkeit, und daraus ergibt sich: Auch seine Selbstbehauptung gegenüber demjenigen, der seine Exilsituation verursacht hat, besteht in erster Linie darin, daß er auf seinem unverminderten Anspruch auf den ihm bisher von seinen Lesern zuerkannten Ruhm beharrt.

Wir müssen daher im Verhältnis Ovids zu Augustus innerhalb der Exilpoesie zwei Bereiche unterscheiden: Auf der einen Seite steht das Verhältnis Kaiser – Untertan, das in Ovids Herrscherpanegyrik zum Ausdruck kommt; selbst wenn seine Art, dem Kaiser zu schmeicheln, aus dem Munde eines Dichters, der gern mit Worten spielt, nicht immer ganz überzeugend klingt, sollten wir dahinter keine Systemkritik vermuten. Denn Ovid wollte ja wirklich in die Hauptstadt zurückkehren und hätte sich deshalb selbst durch getarnte politische Attacken auf den Prinzeps möglicherweise noch unbeliebter bei Augustus gemacht, als er es schon war. Auf der anderen Seite aber steht das Verhältnis Kaiser – Dichter, und wie Ovid dieses sah, sagt er uns selbst besonders deutlich im Schlußabschnitt der *Metamorphosen*, den er vielleicht sogar erst im Exil geschrieben hat. Dort läßt er nämlich unmittelbar auf eine Prophezeiung der Aufnahme des Augustus unter die Götter eine auf sich selbst in seiner Eigenschaft als Dichter bezogene Verheißung folgen (XV 871–879), die als Epilog des großen Hexameteropus eine Art literarisches Vermächtnis enthält: Das eben vollendete Werk, so verkündet der Dichter hier, werde nicht Juppiters Zorn, nicht Feuer, nicht das Schwert noch das nagende Alter vernichten können. Und auch wenn sein Körper eines Tages werde verfallen müssen, so werde sein besserer Teil doch ewig fortdauernd sich hoch über die Sterne emporschwingen; sein Name werde unzerstörbar sein, und solange das Römische Imperium bestehe, werde man seine Dichtungen lesen, durch alle Jahrhunderte werde er im Ruhm fortleben. Es ist ganz offenkundig, daß Ovid sich mit diesen Worten weit über Augustus erhebt, denn im Vergleich mit der Göttlichkeit des irdischen Herrschers strahlt die Unsterblichkeit des Dichters in einem noch helleren Glanz.

Es kam mir in diesem Nachwort darauf an, zu zeigen, daß man die Exilpoesie Ovids nicht einfach als autobiographische Bekenntnisdichtung interpretieren darf, sondern ebenso wie die übrigen Werke dieses Dichters als Literatur mit einer ganz bestimmten geistigen Aussage lesen muß. Diese besteht in den *Tristia* und *Epistulae ex Ponto* darin, daß der Autor sich auch von den ungünstigen Schaffensbedingungen, die die Verbannung ihm aufzwingt, nicht in seinem bisherigen Selbstverständnis als Dichter beirren läßt: Hatte er schon in den erotischen Elegien, den *Metamorphosen* und den *Fasti* mit allem und jedem gespielt, so tut er das auch jetzt noch, indem er die Situation des Verbannten

als literarische Pose stilisiert. Mag sein, daß neun Bücher
über dieses Thema ein wenig zu viel des Guten sind. Eben-
so ist kaum zu bezweifeln, daß die hohe Anzahl von Exil-
gedichten sich auch aus der menschlichen Notsituation ei-
nes in der Verbannung Lebenden erklärt. Aber Ovid macht
uns nun einmal keine konkreten Angaben darüber, worin
für ihn die mit dem Aufenthalt in Tomis verbundenen Ent-
behrungen tatsächlich bestanden. Was sich dagegen nach-
weisen läßt, ist die hohe dichterische Qualität der Exilpoe-
sie. Und wenn künftige Detailinterpretationen den spieleri-
schen Charakter dieser Elegien gebührend berücksichtigen,
wird man um so besser erkennen, daß Ovid einer der geist-
reichsten Poeten der Antike war.

Inhalt

Römische Literatur

IN RECLAMS UNIVERSAL-BIBLIOTHEK

Dichtung

Philipp Reclam jun. Stuttgart